AF633735

Domkapitular Professor Lenhart

Gestalten und Schatten aus frühen Jugendtagen

1. Auflage 2013 - © Bornhofen Verlag, Gernsheim - Alle Rechte vorbehalten.

Dies ist ein Reprint, die alte Rechtschreibung wurde beibehalten.

Illustrationen: © Die „Montagszeichner"

Grafikscans und Nachbearbeitung: Lothar Reinhardt

Textscans, Layout und Satz: Thomas Bornhofen - Gesetzt in Nueva

www.bornhofen-verlag.de - www.buchhandlung-bornhofen.de

ISBN HC 978-3-9814955-2-2 PB 978-3-9814955-3-9

Georg Lenhart

Gestalten und Schatten aus frühen Jugendtagen

Neue Auflage mit
Neuillustrationen der „Montagszeichner"

Herausgegeben von
Lucia Bornhofen
Bornhofen Verlag

Vorwort der Herausgeberin

Er war zutiefst katholisch und sein gesamtes Leben fest mit der Heimatstadt verbunden: Georg Lenhart, der Autor des vorliegenden Buches. Geboren 1869 im Gernsheimer „Oberfeld" als Sohn eines Bäckermeisters, zum Priester geweiht mit 24 Jahren und von da an für Jahre am Lehrerseminar in Bensheim tätig, wurde er 1920 nach Mainz berufen und zum Domkapitular ernannt.

Mit über 60 Jahren notierte er die vorliegenden Erinnerungen an seine Kindheit. Ob er die Vergangenheit schönfärbte? Wer kann das beurteilen? Sicher ist, dass Georg Lenhart alles vom christlich-katholischen Standpunkt aus bewertete. Und dass seine Texte sehr eindeutig in die Zeit zwischen den beiden Weltkriegen einzuordnen sind: ist da doch in einer Geschichte vom „heldischen Geist" die Rede – und er gebraucht das so selbstverständlich und unvoreingenommen, dass der Text eindeutig vor dem unmenschlichen Hitlerregime mit der Glorifizierung des Heldentums geschrieben sein muss. Auch Lenharts Lobpreisungen des Gehorsams und seine unverhohlene, oft beißende Kritik am Sozialismus und am Kommunismus sind dem Anfang des 20. Jahrhunderts und seiner Tätigkeit als Fraktionsvorsitzendem des Zentrums im hessischen Landtag geschuldet.

Im Kapitel „Im Judenhaus" beschreibt er sehr klar, dass alle ihm bekannten Juden ausnahmslos „ganz normale Menschen" waren. Doch gegen Ende des besagten Kapitels genügt ein einziger Satz über „den verderblichen Einfluss der Übermacht jüdischen Kapitals und der jüdischen Presse", um die Stimmung zu spiegeln, die in der Zeit seiner Niederschrift in Deutschland herrschte. Eine Stimmung, der sich offenbar auch ein Kirchenmann nicht entziehen konnte.

Das alles erkennt der Leser aus heutiger Sicht, im Rückblick. Lenharts Aufzeichnungen sind also nicht nur nachdenklich stimmende oder heitere Geschichten vom Kleinstadtleben im 19. Jahrhundert, sondern auch Zeitzeugnis der dreißiger Jahre des 20. Jahrhunderts.

Ein Urteil überlassen wir dem geneigten Leser. Ich bitte nur darum, Kierkegaards Satz zu berücksichtigen: „Leben lässt sich nur rückwärts verstehen, muss aber vorwärts gelebt werden."

Dezember 2013, Lucia Bornhofen

Inhalt

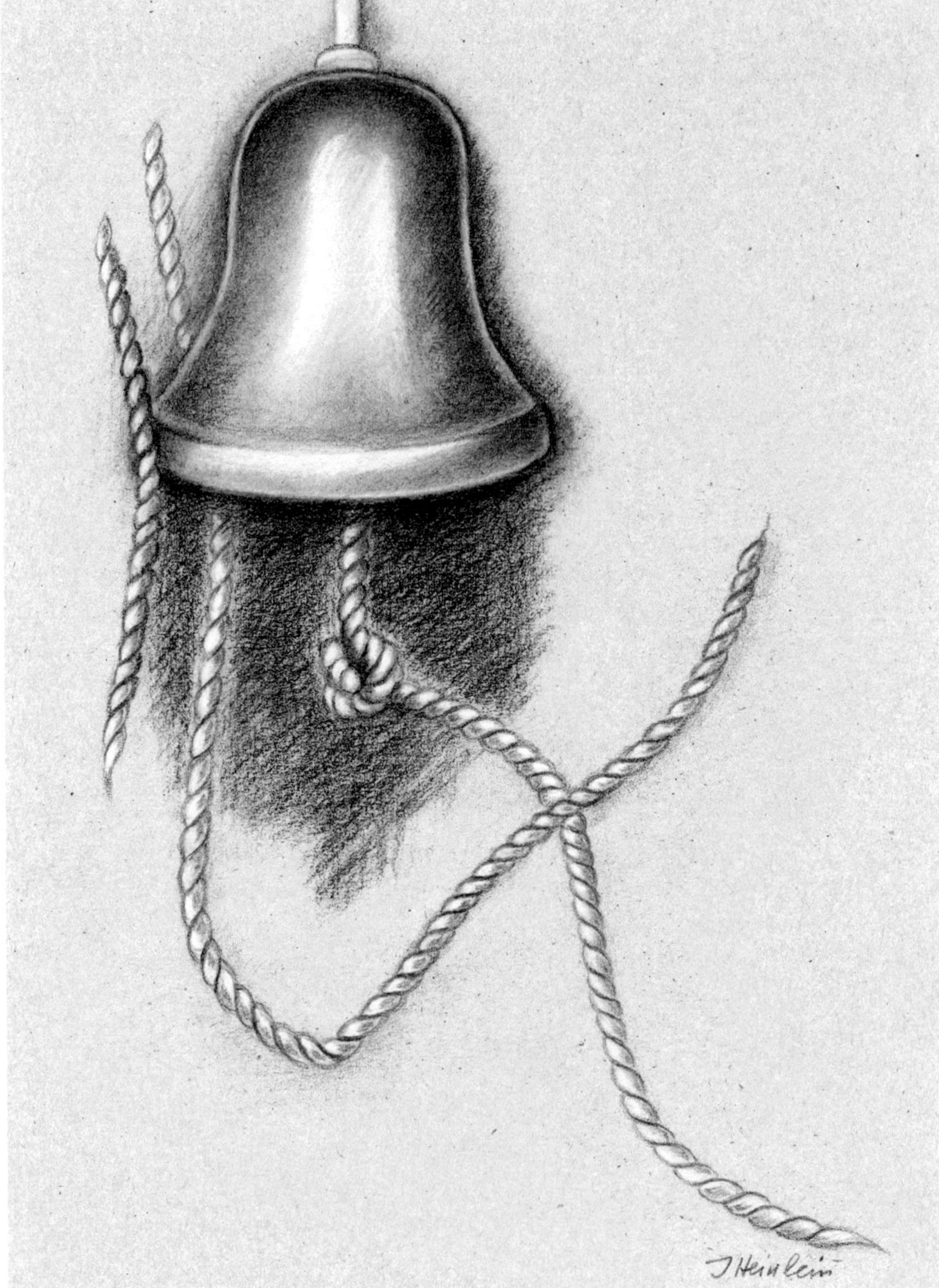
J Heinlein

1. Der Datsch.

»Der Datsch!« So wurde er gewöhnlich genannt. Mitunter sprach man von ihm auch als vom »Dampfnudels-Andrees«. Seinen Familiennamen haben wohl ganz wenige gekannt. Wenn ich ihn je gewußt habe, heute weiß ich ihn nicht mehr. Ich kann auch seine Spitznamen nicht ganz genügend erklären. Die Familie, der er entstammte, scheinen »des Dampfnudels« genannt worden zu sein, wohl weil sie Dampfnudeln als Leibgericht hochhielten. Gewiß eine bescheidene Liebhaberei! Und da er als Dampfnudelsprosse Andreas hieß, mußte er als »Dampfnudels-Andrees« durchs Leben pilgern. Der »Datsch« erklärt sich vielleicht aus seiner äußeren Erscheinung. So sehe ich ihn, so sah ich ihn jeden Morgen eine Viertelstunde vor dem ersten Gottesdienst: Ein langer Kamerad, der stark in den Knien lag, kam er um diese Zeit aus der Pforte des »Armenhauses«, in dem er untergebracht war. Die unverhältnismäßig langen Arme reichten fast über die immer auswärts gebogenen Knie und schienen ihm als Luftruder im Schnelllauf dienen zu müssen. Der Schnelllauf hatte aber ein bestimmtes Ziel: Auf die Minute das Glockenseil im Kirchturme in der Hand haben. Diesen Dienst an der Gemeinde hätte sich der Andreas nicht nehmen lassen: Tag für Tag, sonntags und werktags, morgens, mittags und abends war er zur Stelle. Und er verlangte nichts dafür, dachte gar nicht daran, daß man etwas dafür verlangen könne. Er hatte ja alles, was er brauchte. Die Gemeinde hatte ihm das Bett gerichtet, sorgte für den Tisch und die Kleidung. Mehr brauchte er nicht. Wenn man ihn so, mit gebogenen Knien und rudernden Armen herankommen sah, wußte man gleich, woran man hielt. Er war ein Schwachsinniger, aber nicht so stark, als er äußerlich schien. Das Gesicht hielt man zuerst für nichtssagend. Bei näherem Zusehen mußte man aber finden, daß eine eigenartige Schönheit darüber lag. Diese Schönheit war von Form und Linie nicht abhängig. Ob sie aus den wasserblauen Augen ausstrahlt? Später sagte ich, daß sie der Abglanz der Seele des Andrees sein müsse. Denn in dem Andrees lebte eine schöne und gute Seele. Gewiß zogen keine großen Gedanken durch sie. Die Geisteswelt des Datsch war klein. Aber er zeigte sich verhältnismäßig empfänglich für die religiöse Wahrheit und wußte das wenige, was er zu erfassen und zu behalten verstand, in seinem einfachen Leben wirksam zu machen. So bildete sich eine auffallende Güte und Freundlichkeit gegen seine Mitmenschen in ihm aus. Anderen einen Dienst, eine Gefälligkeit zu erweisen, war ihm höchste Freude. Und da er Ernst und Scherz nicht wohl auseinander zu halten wußte, wurde er auch gar oft ein Opfer seiner Gutmütigkeit. Diese Güte und Gutmütigkeit legte die eigenartige Schönheit über sein sonst ausdrucksloses Gesicht, so daß man sich freute, ihn zu sehen. Und alles war bei ihm bis zum möglichsten Grade religiös verklärt. Darum hatte er auch alle zu Freunden und sah seine nie versagende Dienstwilligkeit durch den ehrenden Beinamen »der Kneecht« belohnt. Wie oft habe ich gehört: »Komm her, mein Kneecht« oder: »Das hast Du aber gut gemacht, Kneecht!« Und jedesmal glänzte dabei sein Antlitz von unbeschreiblicher Freude. Er gehörte zu den seltenen Menschen, die allen alles zuliebe und niemanden etwas zuleide tun können.

So ging der Andrees durchs Leben. War er ein Bedauernswerter? Ganz gewiß nicht. Er trug in seinem kleinen Geiste ein großes Glück. Und ging fröhlich seinem Herrgott entgegen. Hat er vergebens gelebt? Wer wollte das zu behaupten wagen? Ich denke an Jesu Dankgebet bei Matthäus im elften:

> Ich preise Dich, Vater Herr
> des Himmels und der Erde,
> daß Du dies vor Weisen und Klugen verborgen,
> Kleinen aber geoffenbaret hast.
> Ja, Vater, so war es Dir recht (25, 26).

2. Der Borjer (Burger) Philipp.

Der Borjer-Philipp war ein Vollschwachsinniger. Unglücklich? Ich glaube nicht. Er war eine Art Hausbursche in einer gut bürgerlichen Wirtschaft und kam immer in tadelloser Verfassung daher. Schwarzer, stets sauberer Anzug, glänzend gewichste Schuhe, glatt rasiertes Kinn! Dazu den unvermeidlichen großen Henkelkorb im Arm. Also immer mit Einholen beschäftigt. Demnach auch zuverlässig. Aber er tappte gräßlich darein. Ich kann mich nicht erinnern, ihn jemals anders gesehen zu haben. Höchstens, daß er zuhause in der Wirtschaft, in der er gehalten wurde, eine große blauleinene Schürze trug, wenn er in Haus und Hof mit Reinemachen beschäftigt war. Aber auch da war er immer ein Muster von Reinlichkeit. Er muß trotz seines gebundenen Geistes ein naturhafter Reinlichkeitsfanatiker gewesen sein. Trotzdem er zu jeder Tageszeit in den Straßen zu sehen war, suchte er nicht die Verbindung mit den Vorbeigehenden. Er tappte so durch, als wäre er eine Welt für sich, höchstens einmal zum Gruße nickend. Ob ich jemals seine Stimme redend gehört habe, außer wenn er Sonntags im Hochamt ganz unverzeihlich sang? Dadurch ärgerte er einen alten sehr gemütlichen und sehr beliebten Lehrer, neben dem er gewöhnlich in der ersten Bank seinen Platz suchte. Ich sehe heute noch die Blicke, die der alte Herr dem Philipp zuwarf, wenn er, das Gesangbuch verkehrt in der Hand haltend, aus Leibeskräften in seiner Art sang. Schließlich griff der Lehrer zur Selbsthilfe. Er ließ durch zwei Eisenstangen gleich die Hälfte der ersten Bank für sich absperren. Und schloß jedesmal umständlich auf und zu. Der Lehrer lachte behäbig als er am ersten Sonntag nach Fertigstellung der Schranke das verdutzte Gesicht des armen Philipp sah, der sich auf einmal aus der unmittelbaren Lehrernähe ausgeschlossen fand. In der Folgezeit erschien er auch nicht mehr in der ersten Bank. Man muß ihm zuhause das Nötige beigebracht haben. So sehr ich die Schmerzen des

Lehrers begriff, bedauert habe ich doch, daß der Philipp so von seinem schönen Platze vertrieben wurde. Ich habe dem Ärmsten den ungehinderten freien Ausblick auf den Hochaltar und den ganz direkten Ausblick zur Kanzel wohl gegönnt. Gott allein weiß, wieviele Sonnenstrahlen von dort aus doch in die umflorte Seele des Philipp gefallen sein mögen. Aber Arme werden immer noch ärmer gemacht, als sie sind. Meines Wissens hat der Philipp seine Verbannung ruhig hingenommen. Er mußte ja sovieles hinnehmen. Denn die Kinder im Ort waren ihm auf der Straße, wenn kein Geistlicher oder Lehrer in der Nähe war, immer auf der Ferse. Und ärgerten ihn durch ihre Zurufe. Getan hat er nie einem Kinde etwas. Aber er konnte, wenn der Kinderspektakel um ihn zu arg wurde, in sinnlose Wut geraten. Das Blut stieg ihm dann zu Kopfe, er stieß vor Weh und Leid brüllende, unartikulierte Schreie aus und zuletzt ohrfeigte er sich selbst rechts und links mit einer solchen Kraft, daß das Klatschen durch die Straßen schallte. Wie oft habe ich das sehen müssen! Der Arme mochte wohl glauben, daß er die Ohrfeigen an seine Bedränger austeilte. Noch heute zittert das Mitleid in mir nach, das ich immer mit dem Gequälten empfand. Mochten die Peiniger nachher gar oft auch in der Schule zur empfindlichen Rechenschaft gezogen werden, die Quälereien begleiteten den Borjer-Philipp durchs Leben. Und damit auch die Ohrfeigen, die er sich selbst ohne Schonung verabreichte. Eines Tages ging er nach kurzer Krankheit rasch in die Ewigkeit. Und ich zweifele nicht, daß er gute Aufnahme fand und die vielen Ohrfeigen, die er sich im Wahn selber gab, recht viel für seine Krone bedeuteten. Auch der Philipp hat in seines Lebens dunklem Drang Gott gesucht und ihm auf seine Weise gedient. Auch in seinem Leben, so eng und arm es war, sind religiöse und sittliche Kräfte wirksam gewesen.

Wer darf dieses arme Leben des armen harmlosen Schwachsinnigen wertlos nennen? Sind nicht andere Leben wertloser, obschon weder Verstand noch Wille in ihnen so gehemmt sind, wie sie im Philipp gehemmt waren?

3. Zwei arme alte Mädchen.

Sie waren in mehrfacher Hinsicht arm, das Lenchen und das Lieschen. Einmal, weil sie eines bettelarmen Mannes Töchter waren, dann, weil geistige Beschränktheit über ihnen lag, und zuletzt, weil jedermann auf ihrem Rücken Holz spalten zu dürfen glaubte. Wenn auch eines Vaters Töchter, wenn auch beide durch den schnapsverseuchten Vater erblich belastet, waren sie doch sehr ungleich. Lieschen, die jüngere, war frech wie ein Dachs, Lenchen, die ältere, scheu wie ein Reh. Lieschen liebte es, sich in zusammengebetteltem Putz- und Zierrat stolz wie ein Pfau auf der Straße zu zeigen, Lenchen saß lieber in der armen Klause und mied die Öffentlichkeit, so viel es konnte. Wenn sie ausgehen mußte, war sie arm, aber sauber gekleidet. Sie ließ man auch in der Regel ruhig ihre Wege ziehen. Jedermann sah in ihr ein armes, aber gutes Geschöpf, das auch noch deßhalb Mitleid verdiente, weil von Zeit zu Zeit vorübergehend die Nacht des Irrsinns sich auf sie herabsenkte. Dann klopfte sie den Vorübergehenden am Fenster und schimpfte ihnen nach, war aber sonst durchaus ungefährlich. Sie mag im Gegensatz zu ihrer straßenfrohen und kecken Schwester Lieschen manchmal bitteren Hunger gelitten haben. Ein paarmal habe ich ihr, von der Mutter geschickt, allerlei gebracht. Da schaute ich in die Wohnung hinein. Sie bestand aus zwei großen Zimmern, die von Lenchen, das sich hausmütterlich zu geben wußte, auch sauber gehalten wurden. Aber sonst fand ich eine Armut, wie ich sie vorher noch nicht kennen gelernt hatte. Es mußte ja so sein. Der alte »Warzenhannes«, der Vater der Mädchen, setzte jeden Heller, wenn er einmal einen verdiente, in Schnaps um. Ein kräftiger, lediger Sohn im Mannesalter hatte nicht immer Verdienst, war aber gutmütig und sorgte für die dringendsten Bedürfnisse der Miete und der unentbehrlichen Lebensmittel. Sonst fehlte so ziemlich alles. Für das Lenchen war es ein Glück, als es nach des Alten Tod zu den Schwestern ins

Armenhaus kam. Da wich die bittere Not, der Hunger, von ihr. Und auch die Tage des Irrsinns blieben aus. Redseliger allerdings ist das Lenchen nicht geworden. Es blieb still, fand aber ein Heilmittel in gottfroher Umgebung und geregelter Arbeit. Täglich sah ich sie mit anderen Pfründnerinnen zur heiligen Messe gehen, immer schweigend, immer blitzsauber. Eines Tages blieb sie aus. Und am Sonntag darauf vor der Nachmittagsandacht hat man sie in Ehren zu Grabe getragen. Ich war damals unwohl und mußte das Zimmer hüten. Da konnte ich den kleinen Leichenzug sehen. Riesig freute ich mich, daß man das arme Lenchen nicht in einem nüchternen, ganz schmucklosen Armensarg zu Grabe trug. Ein weiß gestrichener, nach Ortsbrauch verzierter Sarg wurde da von sechs älteren Mädchen vorübergetragen. Schwer ist ihnen die Last nicht geworden. An diesem Tage hat alles von dem armen Lenchen nur Gutes geredet. Und das war recht so. Sie, die nicht einmal zu betteln gewagt hat, hätte noch weniger etwas wirklich Schlechtes getan. Das Leben hat das Lenchen ganz auf die Schattenseite gestellt, und Lenchen hat sich mit Würde auf dieser Schattenseite so warm wie möglich zu betten gesucht. Sie glaubte an den Vater im Himmel und vertraute auf die ausgleichende göttliche Gerechtigkeit. Darum hat sie auch sicher viel mehr Sonne in sich getragen, als nach außen durchzudringen vermochte.

War ihr Leben wertlos? Oder hatte es einen ganz tiefen Sinn? Gott hat sie wachsen lassen im Lande ihrer Armut - der leiblichen und der geistigen (vgl. 1. Mos. 41, 52).

Aus ganz anderem Holz war, wie schon gesagt, das Lieschen geschnitzt. Ihr Reich war die Straße, ihre Arbeit war der Bettel, ihre Waffe war ihr Mundstück. Dazu zollte sie der weiblichen Eitelkeit ihren Tribut. Stets konnte man das Lieschen geschäftig umherwandern sehen in irgendeinem Aufzuge, der den Spott der Begegnenden herausforderte. Sie bändelte selbst gerne mit den Leuten an. Wurde sie von jemand als »Motze« begrüßt, dann konnte sie spinnengiftig werden. Zu den Essenszeiten wußte sie schon, wo sie sich heute oder morgen am besten einstellen konnte. Sie hatte ihre Häuser und litt im Gegensatz zu ihrer Schwester Lenchen wohl niemals Hunger. An Festtagen und bei besonderen Familienfeierlichkeiten erschien sie mit ihren Glückwünschen, sorgte für reichliche Atzung und trug wohl auch dem hungernden und immer frierenden Lenchen zuhause den einen oder anderen Leckerbissen zu. Zusammen sah man die Schwestern nie. Sie würden auch ein zu ungleiches Paar abgegeben haben. Kräftig suchte das Lieschen in seiner Art Angriffe abzuwehren. Ihr Schatz an Schimpfwörtern war groß. Auf eine kleine Rauferei wäre es ihr auch nicht angekommen. So schlug sie sich durchs Leben. Ihr Nachteil und Mangel war, daß sie die Zurückhaltung ihrer Schwester nicht zu üben verstand. Eines Tages stellte sich heraus, daß sie ledige Mutter werden würde. Es ehrt sie immerhin, daß Vergewaltigung festgestellt wurde. Nun verschwand aber auch das Lieschen im Armenhaus. So schön es unter dem leichten Zepter der Schwestern im Armenhaus war, das Lieschen hat sicher eine Art Gefängnis darin gesehen. Und die Schwestern sind gewiß mit dieser Hausgenossin auch weniger zufrieden gewesen, wie mit dem Lenchen. Aber schließlich hat auch das Lieschen sich eingefügt und eingewöhnt. Es lernte Schritt halten mit den übrigen alten Mädchen und alten Frauen im Hause. Und schritt auch an ihrer Seite morgens sittlich zur Kirche. Und wurde stiller. Schimpfte nicht mehr. Nahm normale Manieren an. Zuletzt starb es in sauberer Stube, in reinem Bett und gutem Zeug. Und Gott sprach zum Opfer ihres Lebens: Ja und Amen!

Das Lenchen und das Lieschen, zwei arme alte Mädchen treten mir jetzt, wo ich selber altere, aus den Tagen meiner Jugend oft in Erinnerung. Und ich fühle mich gedrängt, das ungleiche Paar den Mitmenschen vorzustellen und sie zu fragen: Was sagt ihr zu diesen Menschenkindern? Findet ihr keinen Sinn und Zweck dieser zwei Leben? Gott kennt ihn, und heute sind Lenchen und Lieschen bei ihm vollwertig. Das ist ein gewaltiger Trost. So wenig der Welt je arme, bettelarme Menschen fehlen werden, gerade so wenig werden diejenigen aussterben die schwach im Geiste sind. Und wenn gar beides miteinander sich verbindet, wenn Bettelarmut und Schwachsinn auf einem und demselben Menschen lasten, dann muß wirklich ein »Ärmster der Armen« durchs Leben ziehen, und jedermann glaubt schließlich auf seinem Rücken Holz spalten zu können. Die Kinder laufen und johlen ihm nach, und auch die Erwachsenen glauben ihren Übermut an ihm auslassen zu dürfen. Wenn man in Dorf und Stadt solchen bedauernswerten Gestalten, denen die Quäler anhängen wie der Schweif dem Kometen, heute weniger begegnet, dann liegt dies in erster Linie daran, daß man diese armen Menschen nicht mehr schutzlos sich selbst überläßt, sondern sie in die Häuser der Caritas bringt, wo die Schwestern aus der Heldenkraft des Glaubens wirklich eine Art Wunder an den Enterbten des Lebens vollbringen. Ich habe freilich in Dörfern auch Armenhäuser getroffen, die wieder eine Hölle waren. Leute, die keine Miete aufbringen konnten, pferchte man hier in engem und engstem Raume zusammen und überließ sie ihrem weiteren Schicksal. Niemand kümmerte sich um sie. Da waren Streit und Unfriede, Unreinlichkeit und Unordnung an der Tagesordnung. Das Armenhaus meiner Heimat dagegen war, solange ich es kenne, immer ein kleiner, städtischer Musterbetrieb, von den Schwestern der göttlichen Vorsehung geleitet. Da waren zwei Häuser und ein großer Garten, der immer musterhaft gepflegt war. Die gute und feingebildete Schwester Elisabeth prägte dem Ganzen ihre glückliche Art auf, und die christliche Caritas war wirklich Königin des Hauses. Gewiß gab es auch da Schwierigkeiten, aber nie versagte die Geduld der Schwestern, die aus jedem Pflegling noch das zu machen suchten und zu machen wußten, was aus ihm zu machen war. Darum waren die alten Leute, die dort betreut wurden, Männer und Frauen, auch Muster der Reinlichkeit, und sie wurden im Laufe der Zeit auch Muster der Höflichkeit, die noch in späteren Jahren die Blüten einer verspätet einsetzenden guten Erziehung hervorzubringen wußte.

War es nicht Gnade Gott, daß das Lenchen und das Lieschen dort ihre letzten Jahre verbringen und reif werden durften für den Heimgang? Heute heißt das ehemalige Armenhaus Marienheim. Eine ganz große Statue der Unbefleckten grüßt sinnvoll aus der Nische der Giebelmauer des Stammhauses.

4. Die Pariser Bawett.

Ganz deutlich sehe ich es noch vor mir: das alte Mädchen, das fast jeden Abend nach dem Nachtessen in unserem Familienkreis um den großen Familientisch erschien. Auch es war Pfründnerin des Armenhauses, wie das heutige Marienhaus damals amtlich benannt war, ohne daß irgend jemand Anstoß daran nahm. Es sah, wie schon gesagt wurde, auch außen und innen nicht aus wie ein Armenhaus, war sauber und gemütlich, so daß mancher, der von draußen kam, denken möchte, so schön und nett habe er es zuhause nicht. Die Bawett, die sogar einmal in Paris gewesen war und darum als »Pariser Bawett« durchs Leben zog; fühlte sich drinnen sehr wohl und war stolz darauf, das Vertrauen der ausgezeichneten Oberin, der guten Schwester Elisabeth, zu besitzen. Auch mit der Schwester Salome, die die Küche beherrschte, verstand sie sich sehr gut. Der Schwester Salome war die Bawett, deren Reinlichkeit über alles Lob erhaben war, an die Seite gegeben. So hatte sie denn, wenn die Frühmesse vorüber war, den ganzen Tag reichlich zu tun, so daß sie untertags kaum über den Bereich des Hauses und Gartens hinauskam. Aber abends hatte sie ein halbes Stündchen Erholungszeit. Da erschien sie denn, immer zu gleicher Zeit, immer wenn wir gerade nach dem Abendessen zu allerhand Beschäftigung am großen Familientisch Platz genommen hatten, als Abgesandte der Schwester Oberin in unserem Familienkreise um Zeitungen auszutauschen. Und jedesmal vollzog sich alles stereotyp. Angeklopft wurde nicht. Die Bawett trat ein, sauber, wie aus der Schachtel genommen, dienerte ein paarmal und sprach: »Guten Abend beisammen! Einen schönen Gruß von der Schwester Elisabeth und sie läßt um die Zeitung bitten.« Das war Vaters Leibblatt das »Mainzer Journal«. Dafür brachte die Bawett an zwei Abenden den »Starkenburger Boten«. Man war also bescheiden und las nicht viele Zeitungen. Bawetts Gruß wurde freundlich von der ganzen

Korona erwidern und wir Kinder sprangen mitunter auf sie zu und gaben ihr die Hand. Vater kniete gewöhnlich auf seinem Stuhl, stützte sich auf den Tisch und las noch im Journal. Später, als das Asthma dem Vater überhaupt keine andere Haltung mehr ermöglichte, habe ich begriffen, warum er so gerne kniete. Wie das bei Asthmatikern so ist, atmete er da leichter. War die Begrüßung vorüber, dann trat die Bawett näher und fragte: »Na, Herr L., was gibt's denn Neues in der Welt?« Und nun sprach Vater von dem Schrecklichen, was in der Welt passiere, und die Neugierde der Bawett durchbrach alle Grenzen. Sie drang darauf, zu hören, was los sei. Und nun - man staune! Alles, was ich jetzt niederschreibe, habe ich fast jeden Abend auf Drängen der Bawett vom Vater »aus der Zeitung vorlesen« hören. Es hat sich meinem Gedächtnis so eingeprägt, daß ich beim Erzählen durch alle Jahre hindurch kaum etwas geändert habe. Vater sagte: »Bawett, da ist wieder einer ums Leben gekommen. Hör' einmal!« Und jetzt »las« er: »Als der Hannpeter in die Fremde ging, da kam er an den Bodensee. In dem Bodensee standen zwei steinerne Schifflein. Das eine hatte Löcher, das andere keinen Boden. Der Hannpeter ging in das Schifflein das Löcher hatte, fuhr fort und kam auf eine papierene Insel. Auf dieser war ein gläserner Berg, darauf stand eine steinerne Kapelle, darin war ein eiserner Prediger, der rief: Sancte! Sancte! Der Hannpeter war schwerhörig und verstand: fangt ihn, fangt ihn! Voller Schrecken lief er den Berg wieder hinunter und schiffte sich jetzt in das Schifflein ein, das keinen Boden hatte. Er landete auf einer anderen Insel, auf der seine Großmutter wohnte. Weil diese so gut Brot backen konnte, ließen alle Leute Schuhe bei ihr flicken. Er ging in den Garten seiner Großmutter, stieg auf einen Zwetschenbaum und pflückte sich Aprikosen. Als das die Großmutter sah, drohte sie dem Hannpeter mit ihrem Krückstock und rief: Hannpeter, was tust Du an meinem Hanfsamen und zerdrückst mir die Erbsen? Aus Furcht vor dem Krückstock der Großmutter, die sehr gut laufen konnte, lief der Hannpeter wieder fort und fuhr mit seinem Schifflein auf den See hinaus. Dort ging es mit Mann und Maus unter. Wenn man die Leiche des Hannpeter bis heute nicht gefunden hat, dann ruht sie noch in der Tiefe des »Bodensees!« Wenn dieser mit staunenswerter Phantasie konstruierte Unsinn »verlesen« wurde, hatten wir alle die größte Mühe, ernst zu bleiben. Nur die Bawett folgte mit andächtiger Gläubigkeit und quittierte schließlich die ganze »Vorlesung« mit dem Rufe: »Ach, Gott, wie schrecklich! Wie geht's doch in der Welt zu!« Jetzt ließ sie sich auch nicht mehr halten. Schnell verabschiedete sie sich, weil sie die Schwester Elisabeth noch sprechen mußte. Der fiel sie ins hintere Stübchen neben der Küche und meldete wieder ganz stereotyp: »Ach, Gott, Schwester Elisabeth, in der Welt ist es schrecklich!« Fragte die Schwester nach dem Warum, dann gab die Bawett zurück: »Es steht alles in der Zeitung, Herr L. hat es mir vorgelesen.« Erst jetzt konnte die Bawett ruhig schlafen. Sie pries sich gewiß jeden Abend glücklich. daß sie nicht in der Tiefe des Bodensees lag.

Oft habe ich mich gefragt, wie es möglich war, daß die Bawett diesen Unsinn jeden Abend in den gleichen Worten hören konnte, ohne auch nur einen blassen Schein davon im Gedächtnis zu bewahren. Sie hatte eben kein Gedächtnis für derlei Dinge. So sauber sie war, so anstellig sie in ihrer Küche arbeiten konnte, sie war ganz arm am Geiste und wußte nicht einmal, wie alt sie selber war. Fragte man sie nach ihrem Alter, dann pflegte sie zu sagen: »Die Kieserin drüben ist genauso alt wie ich, fragt sie nur, sie weiß es!«

Und auch für diese geistig so arme Bawett hatte der Herrgott ein Plätzchen wo sie sich nützlich machen, wo sie im Dienste anderer eine zwar bescheiden, aber nützliche Arbeit leisten konnte. Unser Herrgott weiß eben auch die Armen am Geiste in den Kreis des Weltgeschehens einzuordnen und er verlangt ja auch von jedem nicht mehr, als er mit seinen Gaben leisten kann. Die Bawett fühlte sich nicht unglücklich, sondern glücklich. Sie hielt sich auch nicht für minderwertig, und ich bin überzeugt, Gott hat nur gesehen, wie sie sich in ihrem kleinen Lebenskreise bewegte und um Gottes Willen anderen zu dienen suchte. Damit glaube ich an die ewige Krone der Bawett und rechne ihr bescheidenes, frommes, arbeit- und genügsames Leben zu den wertvollen Menschenleben, die nach Gottes Wohlgefallen sind.

In ihrer »Sündenkrot« sagt Fanny Wibmer-Pedit einmal: Gott zeigt uns, wie im Kleinen oft das Große liegt, das wir im Großen oft vergeblich suchen. Seitdem ich dieses Wort zum erstenmale gelesen habe, muß ich immer wieder daran denken, wenn ich Menschen sehe, die wegen irgendeines geistigen Mangels nicht als vollwertig genommen werden. Gut, sie sind kleine Menschen, aber sie sind es höchstens in den Augen der Menschen, die nur sehen, was direkt an der Oberfläche liegt. Das Gottes Güte auch den, der arm am Geiste ist, nicht ganz leer ausgehen ließ, zeigt uns das Leben, sooft wir mit derartige Menschen in Verbindung kommen, vorausgesetzt, daß sie nicht durch widrige Umstände und Lebensverhältnisse ganz verwahrlosten und der äußeren und inneren Verswahrlosung nicht mehr entrissen werden konnten. Es darf auch niemand glauben, daß mit bürgerlicher Wohlfahrt allein alles geleistet werden könnte. Allen Respekt vor der bürgerlichen Wohlfahrt! Man soll sie nicht schelten. Denn es bleibt durch sie manche Träne ungeweint. Trotzdem - zum höchsten Ziele, das erreicht werden kann, kommt nicht die bürgerliche Wohlfahrt, sondern allein die christliche Caritas. Ein bürgerliches Alters- und Siechenheim, in dem die christliche Religion nicht alles durchdringt, mag sehr sauber und geordnet sein, aber es geht doch eine kalte Luft durch das Haus,' und es dürfte wenige geben, die aus freien Stücken dortblieben, wenn sie nicht zwangsläufig dort bleiben müßten. Die Caritas dagegen, die schafft auch mit geringen Mitteln Wärme und Behaglichkeit, die erzieht selbst Alte noch zur Reinlichkeit und zur Ordnung, zum Geiste der Verträglichkeit und des friedlichen Ineinanderschickens und Miteinanderlebens. Jede unserer Ordensfrauen, die in solchen Häusern die Armen an Leib und Seele, die Alten und Siechen pflegt, strömt den Geist christlicher Caritas aus, und dieser

Geist gedeiht nur, wo Gott die Herzen durchwärmt. Und es liegt schöpferische Kraft in diesem Geiste. Die Welt von heute will das nicht sehen und glaubt, jede Erziehung und Betreuung durch Ordensleute mit dem Makel der Einseitigkeit belasten zu dürfen. Das schlägt aller Wahrheit und allen Tatsachen ins Gesicht. Ich weiß, wie die Caritas unserer Ordensleute auch im »kleinen Menschen« verborgene Kräfte zu wecken und wertvolles geistiges und seelisches Lebensgut zu finden und zu entfalten versteht. Ich halte es mit Widmer-Pedit: Gott zeigt uns, wie im Kleinen oft das Große liegt, das wir im Großen oft vergeblich suchen.

5. »Der Leim«

Auch er starb im Armenhaus, nachdem er viele Jahre dort gelebt hatte. Es hätte nicht so sein müssen. Seines Zeichens war der »Leim« Schreinermeister, worauf schon sein ganz allgemein gewordener Spitzname hinweist. Ich erinnere mich noch, wie er eine junge Frau in sein eigenes Heim einführte. Weiß auch, wie sein Kundenkreis mit seiner Familie wuchs, und wie es gut vorwärts zu gehen schien. Aber es kam Krankheit und Tod der Frau, und der Leim kam an den Branntwein, und der Branntwein nebelte seinen Willen, lähmte seinen Arm, brachte seine Kinder zu fremden Leuten und vertrieb ihn von Haus, Acker und Geschäft. So wurde er als Opfer seiner Leidenschaft bettelarm und arbeitete nur, um wieder trinken zu können. Da legte die Stadt Hand auf den verwahrlosten Trinker und brachte ihn ins Armenhaus. Und das wurde ihm zum Heile. Nicht, als ob er nochmals für selbständigen Geschäftsbetrieb tauglich geworden wäre. Der gebrochene Wille blieb gebrochen. Sich selbst lenken, lernte der »Leim« nicht mehr. Aber er ließ sich von andern lenken. Und die Schwestern verrichteten Wunder an ihm, ohne in einer Trinkerheilstätte vorgebildet zu sein. Anfanges mag der »Leim« gegen das »Eingesperrtsein« im Armenhaus und das Arbeitenmüssen, auch wenn man nicht dazu aufgelegt war, furchtbar gewettert und getobt haben. Nicht mehr nach Belieben durch die Straßen und Wirtschaften streichen, nicht mehr ausschauen können, wo ein Schnaps zu ergattern war, und dann noch einer und wieder einer, das mag ihm lange Zeit gräßlich vorgekommen sein. Diese Zwangsenthaltsamkeit, die nur hie und da durch einen Bitteren unterbrochen wurde, war für ihn kaum zum Aushalten. Aber mit der Zeit gab es sich. Zunächst arbeitete er im Armenhaus, was ihm aufgetragen wurde. Und für einen Schreiner, einen geschickten gar, wie der »Leim« es war, gab es dort immer Arbeit. Allmählich reifte er auch wieder der freieren Bewegung in der

Gemeinde entgegen. Auf Nachsuchen wurde der »Leim« versuchsweise zu leichteren Arbeiten in Haus und Hof nach auswärts gegeben. Rückschläge fehlten nicht. Aber jedem Rückschlag folgte eine kürzere oder längere Bewegungssperre. Auch daraus lernte der »Leim«. Er sagte sich: Ich muß abends in ordentlicher Verfassung nach Hause kommen, sonst bleibt mir die Ausgangspforte verschlossen. Er sagte das auch den Leuten. Und das hatte seine gute Wirkung. Der »Leim« war überall wohlgelitten, weil er von Natur aus ein grundgütiger und im nüchternen Zustand auch ein verständiger und brauchbarer Kamerad war. Jedermann wußte, wie notwendig er zum Glücklichsein die freie Bewegung in der Gemeinde brauchte. Man wußte aber auch, was die Vorbedingung dieser freien Bewegung war. Darum hörte man jetzt auf, ihn in die Wirtshäuser zu locken und voll zu machen. So lernte er das Wirtshaus meiden und sich mit Atzung und Trunk zu begnügen, der ihm in »seinen Häusern« verabreicht wurde. Er hatte bald einen großen Kreis von Häusern, in denen er gerne gesehen war und sich nützlich machte. Immer war er tadellos sauber, wie das bei einem »Armenhäusler« eigentlich selbstverständlich war. Dazu trug er regelmäßig die blaue Arbeiterschürze. Und der Kreis seiner Dienste war gar nicht eng. Er heilte Wunden an allem, was mit dem Schreinerhandwerk zusammenhing, strich an, pumpte Jauche über den Mist, grub den Garten, schnitt die Reben und - hütete die kleinen Kinder. Die Mütter, die ihm ihre Kleinen anvertrauten, waren ganz unbesorgt. Der »Leim« liebte die Kinder, hatte Ehrfurcht vor ihnen und ließ keines, das ihm anvertraut war, auch nur einen Augenblick aus den Augen. Eine Mutter sagte mir einmal: Wenn der »Leim« meine Kleinen hütet, kann ich unbesorgt jeder Arbeit nachgehen. Man braucht auch nichts vor ihm zu verschließen. Er rührt nichts an und ich trage keine Bedenken, Geld offen vor ihm liegen zu lassen.« Vor fremdem Eigentum hatte er Respekt. Bei dieser Brauchbarkeit des »Leim« ist es begreiflich, daß die Leute ihm gewogen waren. Sie gaben ihm, was er brauchte, nur kein Geld, weil sie ihn nicht in Versuchung führen wollten.

Als er krank wurde und starb, zeigte sich allgemeine Teilnahme. Er fand eine außergewöhnlich zahlreiche Leichenbegleitung, wie man sie sonst nur bei ganz angesehenen Männern und Frauen sah, und seine Gutmütigkeit und Dienstwilligkeit wurde hochgepriesen. Mochte man auch hervorheben, daß die anfangs so verheißungsvolle Linie seines Lebens gebrochen worden war und keine gerade Fortsetzung fand, er hat sich gefunden und in den Grenzen des Möglichen sozial und caritativ betätigt. Ein Asozialer war er keineswegs geworden. Ein guter Fonds religiöser Gesinnung lag in ihm und wirkte aus ihm. Das hat auch den guten, Schwestern ihre »Rettungarbeit« am »Leim« erleichtert. Ich vertraue, daß er einen wirklich gnädigen Richter gefunden hat, der das Gute, was am »Leim« und im »Leim« war, noch viel besser sah, als die Menschen es sehen konnten. Ich denke gern an ihn.

6. Die Geißel der Schwindsucht über einer braven, armen Familie.

Dem Armenhaus gegenüber steht ein massives einstöckiges Bauernhaus. Im Giebel der Hofseite hat es ein Zimmer und zwei kleine Kammern, die von Zimmerwand und Dach eingeschlossen sind. Das war die ganze Wohnung eines Taglöhners mit einer kranken Frau und zahlreichen herangewachsenen Kindern. Die Küche war auf dem Hausflur eingerichtet. Ich kam früh in diese Wohnung der Armut hinein, deren höchster Schmuck ihre vorbildliche Reinlichkeit war. Wie ich in diese Familie kam? Zuerst war eine Tochter der Leute jahrelang treues Dienstmädchen im elterlichen Haushalt. Dann war ein Sohn mein Alters- und Schulgenosse. Buben aber, die auf der Straße miteinander laufen, werden bald auch in den Wohnungen ihrer Kameraden bekannt. Zuerst überraschte mich die Enge der Wohnung bei soviel Kindern. Aber hygienische oder soziale Gedanken machte ich mir natürlich nicht darüber. Höchstens fand ich, daß es nicht schön sei, wenn alles so eng zusammengestopft werden müsse, wie in den Dachkammern, deren eine den Buben, deren andere den Mädchen als Schlafraum dienen mußte. Dann schaute auch die Armut aus allen Ecken und Enden heraus. Woher sollte ein städtischer Taglöhner jener Zeit es nehmen, bei dem kargen Verdienst und immer kranken Leuten im Haus? Gewiß, das Notwendigste war da, aber auch das in bescheidenster Form. Der alte Vater, in ehrlicher Arbeit und lückenloser Sorge grau geworden, brachte jeden Heller nach Hause und gönnte sich buchstäblich nichts. Ein Sohn arbeitete auch als Taglöhner und war in Arbeit und Sparsamkeit seines Vaters würdig. Was die dienende Tochter erübrigte, floß ebenfalls in den elterlichen Haushalt. Aber die Armut ließ sich nicht bannen. Das höchste Zeichen der Armut schien mir, daß die Leute ihren Bedarf an Winterkartoffeln unter den Betten untergebracht hatten. Damit das nicht zu aufdringlich sich bemerklich mache, waren Bretter vorgeschoben. So etwas hatte ich noch nicht gesehen, und ich meinte, das müßten doch die ärmsten Leute sein, denen nicht einmal ein Kellerwinkel für ihre Kartoffeln zur Verfügung stünde. Im Zimmer fand ich die Frau und Mutter fast immer im Bett. Anders war sie nur ganz wenig zu sehen. Sie litt an der Auszehrung, leitete aber vom Bette aus ihr kleines Hauswesen, dessen Arbeiten die jüngste Tochter, die allein gesund war und blieb, mit Hausfrauensinn besorgte. Eine andere Tochter war immer krank und konnte wenig leisten. Die Geißel der Schwindsucht, die unbarmherzig über der armen Familie geschwungen wurde, ließ trotz allen Fleißes und aller Sparsamkeit die Armut nicht weichen. Die Mutter litt am längsten darunter, hielt es aber auch am längsten aus. Ich habe in meiner Jugend zwei Söhne und zwei Töchter dieser Familie ins Grab sinken sehen. Mein Altersgenosse starb meines Wissens sechzehnjährig im Armenhaus. Es war während meiner Gymnasialferien. Vater und Mutter waren ihm tot. Von den Geschwister lebte, soviel ich mich erinnere, noch der älteste Sohn, der aber in meiner Bubenzeit schon längst verheiratet war und mir unbekannt blieb, und die jüngste Tochter, die heute als würdige Großmuttter in ganz erträglichen Verhältnissen ein gutes Alter hat. Auch die Susanna, die solange in meinem Elternhaus diente, war in jungen Jahren ein Opfer des Würgeengels Schwindsucht geworden. Die Familie wurde viel bedauert. Und rein menschlich betrachtet, war sie auch überaus bedauernswürdig. Die Enge der Wohnung, die Dürftigkeit des Lebens erleichterte dem Würgeengel Schwindsucht seine traurige Arbeit. So sehr die Caritas helfend einsprang, das Verderben nahm seinen Lauf. Damals stand die medizinische Wissenschaft der Tuberkulose nicht so gerüstet gegenüber wie heute. Damals kannte man noch keine soziale Versicherung, damals fehlten noch die Heilstätten, in denen heute immerhin viele gerettet werden. Heute ist der Siegeslauf der Tuberkulose gehemmt, sie ist nicht mehr in dem Grade Volkswürger, wie sie es früher war. Aber dafür sind andere Volkswürger an ihre Stelle getreten, gegen die die Heilwissenschaft in zielbewußtem Kampfe liegt, ohne daß sie bis jetzt Sieger werden konnte. Und wenn sie Sieger geworden ist, welche neuen Krankheiten werden sich dann als Feinde erheben? Sagen wird man aber können, daß kaum eine andere Krankheit ganze Familien so ausgerottet hat, wie die Schwindsucht. Von der ganzen Familie, von der ich eben spreche, sind nur zwei Glieder in ein höheres Alter als das Jugendalter gekommen. Der alte Vater sah buchstäblich seinen Kindern ins Grab. Und wenn eines gestorben war, wußten die anderen, was ihnen bevorstand. Und doch! Unglücklich haben sich die armen Leute nach außen hin nicht gegeben. Sie sind es auch wohl kaum innerlich gewesen. Zwar waren sie verhältnismäßig stille Leute, aber die armen Leute gehörten damals überhaupt nicht zu den Lauten und Schreienden. Sie trugen aus ihrem Christenglauben heraus ihr Los in Geduld. Das tat und wirkte der Glaube und das Vertrauen auf den barmherzigen und gerechten Gott. Der war ihr Weggenosse bei der Arbeit, ihr Freund in der Armut, ihr Tröster im Leiden, ihre Hoffnung im Sterben. Opium für die Armen soll die Religion nach modernstem kommunistischem Rezepte sein. Nun Opium ist sie nicht, denn jedes Opium schwächt und bringt um jede Kraft, die Willenstraft zu allermeist. Die lebendig erfaßte Religion aber ist wahre und nie versagende Kraftquelle, sie verbirgt den Karfreitag des Lebens nicht, erspart auch nicht die Fälle unter dem Kreuz, aber sie weist über all das hinaus in den Ostermorgen hinein, der die Auferstehung bringt. Davon waren meine armen Leute hier unter ihrem schweren Doppelkreuz felsenfest überzeugt, und so liebten auch sie ihr armes Leben und fluchten der Stunde nicht, in der sie geboren worden waren. Ich bin fest überzeugt: Die Armut war früher noch größer, als sie jetzt ist. Und die Krankheiten legten ein größeres Kreuz auf, als sie es heute tun. Aber die Menschen waren innerlich gefestigter, äußerlich bescheidener und blickten der Armut und Krankheit ganz anders ins Auge, als die Modernen, die mit der Preisgabe ihres Gottesglaubens und Gottvertrauens sich eine Leidensscheu angezüchtet haben, die ihresgleichen sucht. Für mich ist heute der alte Taglöhner H., der für eine sterbende Familie seine Kraft verbrauchte, ein Held, und seine sterbende Frau und seine Kinder können sich würdig an seine Seite stellen. Wo der Glaube die Köpfe und die Seelen beherrscht, da gibt es unendlich viel verborgenes Heldentum, und dieses verborgene Heldentum leuchtet in die Augen und das Herz Gottes hinein.

Es wird in unseren Tagen soviel von der Erziehung zum heldischen Geiste gesprochen. Ich verbeuge mich tief vor dem heldischen Geiste. Er ist etwas ganz Großes, immer Bewundernswertes. Jeder verdient die höchste Ehre, der den heldischen Geist zuerst auf dem Schlachtfelde bewiesen hat. Das waren doch in ihrer überwältigenden Mehrheit einfache, schlichte Leute, die sich des heldischen Geistes, der sie beseelte, nicht einmal klar bewußt geworden sind. Woher haben also die Millionen, die wir heute als Helden des Weltkrieges dankbar im Herzen tragen, den heldischen Geist, der sie die Hölle in den vordersten Gräben ertragen und in einen frühen Tod fürs Vaterland gehen ließ? Den hatten sie durch ihre Erziehung zur Vaterlandsliebe und zur Vaterlandstreue, durch ihre Erziehung zum Geiste des Gehorsams, des Opfers, der Selbstüberwindung und der Selbstverleugnung. Und stärkste Nährquelle durch höchstes Beispiel und Vorbild zugleich war für diesen heldischen Geist der Eine, der für uns gehorsam geworden ist bis zum Tode, bis zum Tode am Kreuze (Phil. 2, 8). Zu diesem Gehorsam aber erzieht die Kirche als wahre Mutter heldischen Geistes. Sie kennt, pflegt und rühmt aber nicht einseitig nur den heldischen Geist, der zur Verteidigung des Vaterlandes, seiner Grenzen und Güter ausflammt und durchhält, sie kennt, pflegt und rühmt auch den heldischen Geist Gott, der Seele, der Familie und der Gesellschaft gegenüber. Schon die großen Gottesstreiter, die Apostel, die ohne Mantel, Schuhe und Stab in die Welt hinauszogen und das Reich Christi aufbauten, und ihre Nachfolger, die als Missionare bis zur Stunde in den Heidenländern am Aufbau des Gottesreiches arbeiten, waren und sind alle Helden, und ohne heldischen Geist hätten weder die Apostel von damals, noch die Missionare von heute ihr großes Werk tun können. Die Kirche findet mit Recht heldischen Geist in so vielen schwachen Duldern, die seit Jahren ans Schmerzenslager gefesselt sind, und von denen soviel Licht der Leidenskraft und soviel Trost der Ergebung ausstrahlt, daß der Besucher mit der Überzeugung scheidet: In seiner Schwachheit ist dieser Kranke ein Held geworden. Heldischen Geist sieht und entdeckt die Kirche auch unter vielen Armen und Schwachen, die das Leben in tiefen Schatten gestellt hat. Oder ist ein Fabrikarbeiter, der heute 14 Kinder zu braven, rechtschaffenen, religiösen Menschen erzogen hat, kein Held, kein großer Held? Und hat seine brave Frau nicht Teil an diesem Heldentum? War es also recht, den alten H., der eine Familie unter unsäglichen Mühen aufbaute, während die Schwindsucht sie unter seinen Augen wieder zerstörte, einen Helden, einen großen Helden des harten Lebens zu nennen? Und zu diesem Helden hatte ihn die Kraft Gottes aus dem Glauben gemacht.

7. Gute Nachbarn: Der Kolb und die Kolbin

Wenn ich morgens am Altare stehe, dann denke ich im Gedächtnis der Verstorbenen unter den Wohltätern meiner heimatlichen Frühjugend zuerst an den Baschtian und die Bawel (Barbara). Damit ist die große Dankbarkeit angedeutet, mit der ich den beiden verbunden bin. Sie waren ein Ehepaar und der Baschtian stand mit der Bawel in zweiter Ehe. Er war Dachdecker, arbeitete im Winter auch im Walde und hieß Kolb. Wir Kinder sprachen nur vom Kolb und der Kolbin. Im »Kolb« und der »Kolbin« lag für uns Kinder eine eigene kleine Welt beschlossen, in der wir nur Gutes empfingen. Eigentlich waren der Baschtian und die Bawel zwei ungleiche Größen. Und doch vertrugen sie sich ganz gut. Einzelne, selbst periodisch wiederkehrende Schwierigkeiten, von denen noch gesprochen werden wird, hatten höchstens die Bedeutung kleiner Wolken, die des Himmels strahlende Bläue nicht überdecken konnten. Der Baschtian hatte nämlich einen Fehler: er trank mitunter einen über den Durst. Da war er ein anderer Mensch. Selbst als Junge machte ich mir darüber meine Gedanken. Der Kolb, der zuhause auf seinem Stühlchen saß oder im Geschäfte arbeitete, war ein ganz stiller, wortkarger Mann. Bleiben wir beim Stühlchen am Fenster! Ein kleines, hübsches Bauernstühlchen! Darauf konnte ich ihn vom Fenster des Elternhauses aus schon sitzen sehen, als mein Selbstbewußtsein erwachte. Auf dem Kopfe trug er eine hohe, gestrickte Tellerkappe mit schwerer Quaste. Wenn ich ihn so thronen sah, dann wandelte mich immer die Lust an, die Straße zu überqueren, die hohe Treppe des kleinen Häuschens hinaufzusteigen und dem Kolb einen Besuch zu machen. Das Häuschen selbst erinnerte mich an ein Hexenhäuschen aus den Märchenbüchern. Ein kleines Hausgängchen, von dem eine Stiege auf den Speicher führte, dahinter eine nicht viel größere Küche. Vorn zur Straße hin eine Stube und eine Kammer, wenig, aber genug für bescheidene Leute. Und bescheiden waren das Kolbe. Der erwachsene Sohn, der den Vater im Geschäfte unterstützte, schlief buchstäblich auf dem Speicher. Aber er meinte, das müsse so sein. Die Stube bot für mich viel Interessantes. Ein Rohrbänkchen, das der Kolb selbst gemacht hatte, hinter dem Ofen, war mir im Winter, wenn draußen die Kälte alles erstarren ließ, überaus einladend. Ein nußbaumener Kommodenpult, aus dessen Schublädchen der Kolb manches hervorziehen konnte, was einen Buben interessierte. Dazu ein Tisch, drei Stühle und ein Bischofsbild Kettelers über dem Kommodenpulte. Kolbs Stühlchen war, wie schon angedeutet, besonderer Art. Es war auch für ihn ausschließlich bestimmt. Mochte bis jetzt darauf gesessen haben, wer immer wollte, wenn der Kolb in die Stube trat, wurde sein Stühlchen geräumt. Auf einen anderen Stuhl hätte er sich auch nicht gesetzt. Dort trat ich zu ihm, dort stellte ich hundert Fragen an ihn, die er mit beispielloser Geduld beantwortete. Dort wurde ich auch der Teilhaber seiner frugalen Mahlzeiten, und ich mußte feststellen, daß er nicht bloß sein eigenes Stühlchen, sondern auch sein eigenes Besteck und seine eigene Kaffeetasse hatte. Ich fand, daß er wie ein König gehalten und bedient wurde. Er war ja auch der Vater, der das Geld ins Haus brachte. Meine Geschwister gingen den gleichen Weg zu ihm und wurden mit gleicher Freundlichkeit und Güte behandelt. Er war ganz an uns gewöhnt und wir an ihn. Einmal wollte mein älterer Bruder ein Brotstück mit Schmierkäse von ihm haben, so wie der Kolb es für sich selbst zubereitete: mit Pfeffer bestreut und mit Zwiebeln belegt. Als er es hatte, sprang er stolz auf die Straße und vor Kolbs Fenster biß er zum erstenmale hinein. Aber er riß ein furchtbares Gesicht, schüttelte sich vor Entsetzen, lief zum nahen Brunnen, spülte sich den Mund aus und rief dem lachenden Kolb zum Fenster hinein: Kolb, die waren noch nicht zeitig. Unter den nicht zeitigen Zwiebeln mußte mein Bruder dann noch manches leiden. Dort am Stühlchen erzählte der Kolb uns auch, daß er jedes Jahr am Heiligen Abend die große Leiter an den Kirchturm anstellen müsse, damit das Christkind herabsteigen könne. Als wir sehen wollten, wann er die große Leiter forttrage sagte er: Seid um 4 Uhr am Fenster, dann könnt ihr es sehen. Und richtig um 4 Uhr zog er mit der Leiter aus, sehr unter dem Widerspruch der Bawel, die sich einer gewissen Befürchtung nicht entschlagen konnte. Denn der Kolb stellte, wenn er aus unserer Sehweite war, die Leiter im nächsten Wirtshause ein und wartete dort, bis er sie in der Dunkelheit wieder zurücktragen könne. Natürlich kam er spät ohne die Leiter zurück. Der gute Mann machte mir die ersten Schlittschuhe, noch sogenannte hölzerne, die man heute nicht mehr sieht; und baute mir einen Rodelschlitten, den wir Stachelschlitten nannten, weil wir in absoluter Ebene uns zur Fortbewegung zweier Stacheln bedienen mußten. Ja, als er sich zwei massive Schweineställe mit einer Werkstätte darüber baute, ließ er mir auf Wunsch sogar einen Taubenschlag einbauen, der allerdings nie besetzt wurde. Denn mein nüchterner und praktischer Vater wollte vom Taubenhalten nichts wissen. So könnte ich noch viele Wohltaten anführen, durch die der stille Kolb meine Kindheit so beglückt hat, daß ich ihm, zeitlebens die Gesinnung tiefer Dankbarkeit bewahrt habe und seine Seele täglich im Memento vor Gott nenne. Und dieser ruhige, gute Mann wurde ein ganz anderer, wenn er sich einmal im Trinken vergessen hatte. Er, der sonst so still durch die Straßen ging, bändelte jetzt gerne an, schimpfte mit den Frauensleuten, die sich auch scheu zurückzogen, wenn sie ihn so kommen sahen. Es sind ihm daraus viele Unannehmlichkeiten erwachsen. Am schwersten trug er daran, daß er wegen einiger Vorfälle bei Abendandachten gebeten wurde, das Klingelbeuteltragen einzustellen. Auf dieses Amtchen war er immer sehr stolz gewesen. Und keiner kam ihm an Eifer und Sorgfalt gleich. Selbst mir, dem Knaben, hat der Mann seinen Schmerz anvertraut, und er wollte es dem Pfarrer nicht verzeihen, daß er ihm die Klingelbeutelstange aus der Hand genommen hatte. Ich glaube auch, daß der Mann im normalen Zustande sich seiner Trunkenheit schämte, in der er die Menschen mit groben Worten beschimpfte. Weiter tat er nichts. Aber schließlich wußten ihn die Leute zu nehmen, wie er in diesem Zustande nun einmal war. Man sagt, in der Trunkenheit käme die wahre Natur der Menschen zum Vorschein. Beim Kolb wäre das Grobheit gewesen. Ich kann aber aus Erfahrungen und Beobachtung heraus nicht glauben, daß Kolb von Natur aus ein Grobian gewesen sei. Denn im nüchternen Zustand sprach er überhaupt wenig, sicher kein grobes Wort. Wie gegen mich und meine Geschwister, so war er auch gegen andere gütig und zuvorkommend. Wenn aber der Kolb von Hause aus ein Grobian gewesen wäre, dann hätte er ein gut Stück achtenswerter asketischer Arbeit an sich geleistet, daß er im nüchternen Zustand keine Spur von Grobheit erkennen ließ. Und darum müßte ich ihn umso höher achten. Ich habe ihn oft in Wirtshäusern holen und heimführen müssen. Wenn er anfangen wollte zu schimpfen, bat ich: Kolb, nicht! Und er erwiderte: Hast recht, Bub, was gehen uns die Leute an? Dann pflegte er sich wohl mit mir zu beschäftigen, der ich ihn am Arme hatte:

Bub, Du kannst ja nicht gerade gehen! Gerade mußt Du gehen, was sollen dann die Leute von uns denken? Schließlich hat Vater die Bawel gebeten, mich nicht mehr nach dem Kolb auszuschicken, da ihm ein paarmal beim Betreten eines Wirtshauses gesagt wurde: Dein Bub hat vorhin den Kopf zur Türe hereingestreckt; er muß Dich gesucht haben. Der Vater, der so wenig ein Freund des Wirtshauses war, daß er zu erklären pflegte, Wirtskundschaft erstrebe er nicht, da man das Doppelte des Gewinnes wieder vertrinken solle, konnte die Leute aufklären. Aber unangenehm war ihm die Sache doch. Daher das Verbot, das die Bawel respektierte. Wenn der Kolb in dem beklagenswerten Zustand nach Hause kam, war die Bawel nicht klug. Sie geriet in Zorn, schimpfte mörderisch, und der Kolb suchte sie im Schimpfen zu überbieten. Das waren die Wolken am Ehehimmel von denen ich sagte, daß sie die strahlende Bläue doch nicht überdecken konnten. Am anderen Tage war alles wieder gut. Wäre sie ruhig gewesen, dann wären die Wolken überhaupt nicht aufgestiegen. Denn der Kolb ließ sich von Vertrauten schon lenken. Am besten war es, wenn der Kolb in diesem Zustand zuerst zu Vater ins Haus kam. Das war auch so eine Eigentümlichkeit von ihm: Im nüchternen Zustand kam er nur am Schlachttage, an einem Weißen Sonntag und bei Erkrankungen ins Haus. Sonst das ganze Jahr nicht. In der Trunkenheit dagegen kam er sehr oft, bevor er sein Häuschen betrat. Er pflegte dann alles Mögliche auszukramen und man merkte bald, wenn ihn etwas besonderes wurmte. Nüchtern hätte er sich nie darüber geäußert. Vater suchte ihn dann zu beruhigen, und Mutter konnte unterdessen die Bawel verständigen. Ging dann schließlich eins von uns Kindern mit hinüber, dann blieb alles ruhig, und bald schlief er in den kommenden Tag hinein. So hatte auch dieser gute Mann, der so treu für seine Familie sorgte, der an dem frühen Tod seines einzigen Sohnes so schwer trug, eine Stelle, an der er verwundbar war. Aber der gute Kern in ihm blieb nicht ohne Frucht. Im Hauswesen ging es vorwärts, dank auch der Umsicht der Bawel, die mit bescheidenen Mitteln hauszuhalten und den kleinen Besitz zu mehren wußte.

Die Bawel, wie der Kolb sagte, die Kolbin, wie wir Kinder sagten, war mit unserem Hause von der Verehelichung der Eltern an ganz verwachsen. So wenig er kam, soviel war sie jeden Tag im Hause. Bei freudigen und traurigen Anlässen war die Kolbin immer mit ihrer Hilfe zur Stelle. Sie war außergewöhnlich gewandt und erfahren, verstand auch von einem Dienst in der Apotheke her das Salbenkochen und Salbenschmieren. Das allein verschaffte ihr einen großen Bekanntenkreis. Dabei zeigte sie sich ganz uneigennützig. Wenn sie nicht aus lauter Gutmütigkeit jedem Recht gegeben hätte, wären wohl kaum Schwierigkeiten gekommen. So aber kam es vor, daß zwei streitende Parteien sich alle beide auf die Kolbin und ihr Urteil beriefen und nachher gemeinsam über sie herfielen. Doch machte sich die Kolbin nicht allzuviel daraus, weil sie wußte, daß auf Regen doch wieder Sonnenschein folgen müsse. Auch mit meinen Vater verzürnte sie sich manchmal. Dann warf sie die Türe zu und erklärte, daß sie nie mehr ins Haus komme. Eine halbe Stunde später war sie wieder da und tat, als ob überhaupt nichts gewesen wäre. Nur einmal dauerte die Spannung einige Tage. Selbst uns Kindern war gesagt worden, wir dürften nicht hinübergehen. Da gingen wir - meine kleine Schwester und ich - an Kolbs Fensterplätzchen vorüber. Wir vermieden das Hineinschauen, er aber rief uns. Da sprangen wir weiter. Nun fragte er die Bawel, was los wäre. Da er keine befriedigende Antwort bekam, schmiß er einfach seine Kaffeetasse durch die Fensterscheibe auf die Straße. Weinend kam die Kolbin ins Haus und holte uns. Da war alles wieder gut. Der Spaß kostete also eine neue Fensterscheibe und eine neue Kaffeetasse für den »guten Vater«. War die Kolbin nicht bei uns, dann waren die Kinder vielfach bei ihr. Trafen wir die Türe verschlossen, dann warteten wir entweder in Geduld, oder wir suchten die Kolbin in der nahen »Wasserscheid«, wo sie von der Stadt einen Garten in Pacht hatte. In diesem Garten bekam ich später ein eigenes Beet von ihr, wo sie mich Blumen und Gemüse pflanzen lehrte. Meine Vorliebe für Blumenzucht und Gartenpflege, die mich durchs Leben begleitete, verdanke ich der guten Frau. Kam sie nach Hause zurück und fand uns aus der Treppe wartend, dann überfielen wir sie mit der Frage: Kolbin, wo seid Ihr denn gewesen? Darauf bekamen wir die Antwort: Nerjens! (Nirgends). Diese Antwort machte mir viel Kopfzerbrechen. Mit aller Gewalt wollte ich wissen, wo das »Nerjens« sei. Da ich eine befriedigende Antwort von ihr nicht erhielt, fragte ich den Vater. Der erklärte mir: Sie will sagen, daß sie nicht in der Wasserscheid, nicht auf dem Acker, nicht in einem Laden, nicht bei einer Nachbarin gewesen sei. Das hielt ich für ausgeschlossen. »An einem Platz«, so sagte ich, »muß sie gewesen sein.« So habe ich als Junge philosophiert und gab mich erst zufrieden, als Vater sagte: »Wenn die Kolbin euch sagt, sie sei »nerjens« gewesen, dann will sie euch nicht sagen, wo sie gewesen ist. Damit müßt ihr zufrieden sein. Kinder brauchen nicht alles zu wissen.« Dagegen gab es nun freilich keine Appellation mehr.

Wenn wir Kinder bei der Kolbin im Haus waren, dann hingen wir förmlich an ihrer Schürze. Wir saßen bei ihr in der Küche, stiegen mit ihr in den nebenanliegenden kleinen Geisenstall herab und halfen ihr im Hofe die Hühner füttern. Am schönsten war es aber in der Stube, wo sie mit viel Geschick Sonntagshauben für die Frauen anfertigte oder ihren reichen Schatz für den Schmuck der Mutter-Gottes von Maria-Einsiedel nachprüfte und mehrte. Einmal hat sie einem gewissen Jungen auch einen netten Fastnachtsanzug angefertigt, weil dieser Junge auf besonderem Zugswagen Mitglied einer »Schola« sein sollte, obschon er ganz unmusikalisch war. Am meisten hat dem Jungen eine kunstvolle »Straußenfeder« aus Papier gefallen, die weit über den kleinen Hut hinausragte und sich im Winde wiegt. Wenn die Kolbin eine sogenannte tüftelige Arbeit vor sich hatte, dann sprach sie wenig, wollte auch nicht viel gefragt sein. Da ging sie ganz auf in ihrer Kunst, am meisten, wenn sie zu Ehren der Mutter-Gottes von Maria-Einsiedel arbeitete, die jedes Jahr zur Wallfahrt am 2. Juli in irgend einer Weise neu ausgestattet werden sollte. Am 1. Juli war sie den ganzen

Tag in Einsiedeln und führte sorgsam aus, was sie schon Wochen lang vorher ausgesonnen und vorbereitet hatte. Nie war ihr etwas schön und teuer genug zum Schmucke des Altares, und sie war restlos glücklich, wenn gute Seelen ihr genug Geld für ihre Mainzer Reise, Ende Mai, gegeben hatten, wo sie alles zusammenkaufte, was sie für die Wallfahrtszwecke brauchte. War ihr dann alles gelungen, dann konnte sie sich freuen wie ein Kind und kaufte mir an irgend einem Stande diese oder jene Kleinigkeit, die mir gerade Freude machte. War die Kolbin aber zu Hause mit Nähen, Flicken oder Stricken beschäftigt, dann erzählte sie gerne aus ihren Lebenserinnerungen. Mit Vorliebe sprach sie im Anschluß an die Wallfahrtserinnerungen und das Bild über der Pultkommode von dem großen Bischof Ketteler, der aber für sie nur der »Herr von Ketterle« war· Das Wort Ketteler konnte sie trotz ihrer sonstigen Zungengeläufigkeit nicht aussprechen. Ich bin überzeugt, daß viele meiner Kettelererinnerungen aus der Heimat auf die Kolbin und ihre Erzählungen zurückgehen.

Wer darf sich nach dem Erzählen wundern, daß ich dem Kolb und der Kolbin auch verbunden blieb, als ich in fremden Boden verpflanzt wurde, um zu studieren. In den Ferien kehrte ich immer wieder drüben in dem kleinen Häuschen ein, und auch als Priester kam ich kaum zu den Eltern, ohne auch über die Straße zu gehen und nach den zwei Alten zu sehen. Sie hatten bei jedem Besuch große Freude, und für mich war es ein großer Schmerz, als der Kolb sich zuerst zum Sterben hinlegte. Die Bawel hat ihn um viele Jahre überlebt und ist hoch in die achtzig gekommen. Fremd wurde ich erst, als ihre Tochter noch zu Lebzeiten der Mutter das kleine Fachwerkhäuschen niederlegen und durch einen größeren kalten Backsteinbau ersetzen ließ. Zwar bin ich auch jetzt noch regelmäßig drüben eingekehrt, namentlich als mir selbst der gute Vater und die liebe Mutter in die Ewigkeit gegangen waren. Da suchte ich drüben bei der alten Wohltäterin ein Stück Heimat, fand es aber auch nicht, weil das neue Haus mir gar nichts zu sagen hatte. Ich fand, daß die Kolbin so wenig hineinpasse wie ich selbst, und daß kein Hauch der früheren Kindheitspoesie übrig geblieben war. Immer regelmäßiger sagte mir die alte Frau beim Abschied: »Wenn du wiederkommst, bin ich nicht mehr da.« Eines Tages schrieben sie mir auch, daß die Kolbin wirklich in die Ewigkeit hinübergewechselt war in lebendigem Vertrauen auf den Heiland, an den sie geglaubt, und den sie geliebt hatte. Und ich kam zu ihrer Beerdigung und habe ihr das Grab gesegnet und die Gebete der Kirche über ihren Sarg gesprochen. Und wenn ich heute noch an das Grab des Kolb und der Kolbin trete, dann danke ich Gott, daß er diese guten Menschen dazu benutzte, meine Jugend zu erfreuen, und ich weiß, daß ich sie wiedersehen werde. So wenig ich die Fehler des Kolb und der Kolbin verschwiegen habe, so weiß ich heute, daß in ihrem bescheidenen Leben überaus viel Schönes und Gutes war, das andere beglückte. Weil sie, wenn auch in rauer Schale, Herrgottsdiener sein wollten, deßhalb wurden sie Menschenfreunde, und sie haben mehr als einen gesegnet, der es ihnen nachher nicht dankte. Ich aber möchte ihnen in die Ewigkeit hinein dankbar bleiben, dem Bastian und der Bawel, die immer ein Stück Sonne in meine Seele hineinleuchten ließen.

8. Sonntagssitzungen des Frauenlandtags bei der Kolbin

Das war etwas Interessantes und ganz Regelmäßiges: Wenn am Sonntag die Nachmittagsandacht zu Ende und der Kaffee getrunken war, dann warteten die Frauen der Nachbarschaft, bis der Kolb sein Häuschen verließ, um zum Schoppen zu gehen. Dann stellten sie sich in rascher Folge bei der Kolbin ein. Auch meine liebe Mutter, die die ganze Woche in Geschäft und Haus für drei arbeitete, ging manchmal hinüber. Oft haben die Besucherinnen ein Dutzend erreicht, so daß in der kleinen Stube Sitzgelegenheiten erst geschaffen werden mußten. In seinem Humor nannte Vater die Zusammenkünfte den »Landtag«. Es ging nun dabei ganz frauenhaft zu. Ein paar saßen oder standen immer am Fenster und stellten fest, wer im Sonntagsstaat vorüberging, um etwa nach Maria Einsiedel zu pilgern. Natürlich blieben die Betrachtungen am »Staat«, an Kleid, Hut, Mantel oder Umhang hängen. Frauen haben da ein scharfes Auge, und eine einzige Beobachtung kann ihnen Gesprächsstoff für zwei Stunden liefern. Namentlich wenn noch die Frage hereingezogen wird, ob die oder jene es nötig hätte, so aufzusteigen. Nun, boshaft waren die Frauen, die die ganze Woche unter schwerem Arbeitsjoche gingen, ganz gewiß nicht. Aber Menschen waren sie und Weiber dazu, und es wäre unnatürlich gewesen, wenn eine Frauentagung an diesen für Frauen lebenswichtigen Dingen vorübergegangen wäre. Doch war dies nie der einzige Punkt der Tagesordnung. Für weitere interessante Programmpunkte sorgte die »Brandin«. Ihr Mann, der »Brande Hannes« war erster Polizeidiener. Polizeilich waren wir in unserem Hause gut bewacht. Der »Brande Hannes«, der erste Polizeidiener, wohnte unmittelbar neben an, und der »Schmelzer Louis«, der zweite Polizeidiener, wohnte direkt gegenüber. Der letztere kam nachbarlich viel ins Haus, namentlich in abendlicher Stunde, der erstere kam nie, da er ein

zurückhaltender, stiller Mann war, der dienstlich, wie er meinte, genug Menschen sah. Aber die Brandin brachte aus ihrem Hannes doch heraus, was sie wissen wollte. Das Weib muß noch geboren werden, das die Zähne des Mannes nicht zum Reden auseinanderbringt. So sammelte die Brandin in der Woche manchen Stoff, mit dem sie am Sonntag glänzen konnte. Manchmal brachte sie auch eine Zeitung, ein Heftchen mit, in dem für die Frauen Interessantes zu lesen war. Hier beginnen meine persönlichen Beziehungen zum sonntäglichen Frauenlandtag. Denn zum Vorlesen wurde ich geholt »weil man den Bub so gut versteht«. Einmal habe ich mehrere Sonntage aus einer antisemitischen Broschüre vorlesen müssen, die sich mit angeblichen jüdischen Ritualmorden in Lemberg oder Szegedin beschäftigte. Die Brandin hatte für derartige Dinge ein feines Spürorgan, brauchte aber einen Vorleser, da sie mit der Lesekunst wenig vertraut war. Manchmal ließ der Vater auf irgend welchen Wegen und Umwegen auch, einen »Bären« auf den Frauenlandtag los, und mehr als einmal mußte ich der Bärentreiber sein. Wurde der »Bär« als solcher erkannt, dann gab es Geschrei und Gezeter, und niemand wollte auf ihn hereingefallen sein. Das Vorleseamt im Frauenlandtag machte mich mit den weiblichen »Abgeordneten« näher bekannt und bahnte mir auch den Weg in ihr Haus und ihren Garten, wo zu den verschiedenen Jahreszeiten manches zu holen war, was eines Buben Herz erfreut. Gymnasiast geworden, wurde ich dem »Frauenlandtag« entfremdet, habe ihn aber nie ganz vergessen. Heute denke ich manchmal, wie bescheiden und anspruchslos diese braven Frauen gewesen sind, denen es das Höchste war, den Sonntagnachmittag etwa zwei Stunden im Stübchen bei der Kolbin nach Herzenslust plaudern zu können. War eine der Nachbarinnen einmal mit der Kolbin verkracht, weil diese wieder jeder von den zwei streitenden Parteien Recht gegeben hatte, dann war gerade die Sonntagssitzung des »Landtags« der Grund, warum sie sich bald wieder fanden. Auch das schätze ich, daß diese Verstimmungen, mögen sie auch anfangs sich wie schwarze Wolken angesehen haben, doch nie zu Gehässigkeiten und Feindseligkeiten dauernder Art führten. Einfache Leute können sich gelegentlich den Rücken zukehren, aber, wenn sie wahre Christen sind, werden sie sich den Friedenskuß nicht allzulange versagen. Sie lassen nach des Apostels Rat die Sonne über ihrem Zorne nicht untergehen, weil sie dem Teufel keinen Raum geben wollen (vgl. Eph. 5, 27). Darum schätze ich die Sonntagssitzungen des Frauenlandtags bei der Kolbin auch als Friedensinstrument.

9. Die Treppensitzungen des »Reichstags« an Sommerabenden

Es ist ein eigenartiges Zusammentreffen, daß neben der Sonntagssitzung des »Landtags« bei der Kolbin ein wilder »Reichstag« einherging, der an schönen Sommerabenden auf der hohen Treppe meines väterlichen Hauses tagte. Er wurde nicht eingerufen, dieser Reichstag, sondern trat von selbst zusammen, wenn nach des heißen Sommertages Schweiß und Mühen eine Treppensitzung als Wohltat empfunden wurde. Einen gewählten Präsidenten hatte er auch nicht. Parteien fehlten ganz, wenn auch die Meinungen mitunter scharf auseinanderplatzten. Kurz, es war politische »Kannengießerei«, die da getrieben wurde, was nicht ausschließt, daß mitunter ganz beachtenswerte Gedanken zu Tage gefördert wurden. Daß die Gemeindepolitik in erster Linie herhalten mußte, war selbstverständlich. Auch Bißmarcks Kulturkampf, der damals so vielen die Reichsfreude vergällte, wurde viel und immer streng verwerfend besprochen. Denn die Männer, die da tagten, hielten aus heiliger Überzeugung heraus treu zu ihrer Kirche, und Bißmark hätte seinen aussichtlosen, aber verheerenden Kampf vielleicht früher eingestellt, wenn er Gelegenheit gehabt hätte, die kochende katholische Volksseele aus unmittelbarer Berührung mit den Männern des Volkes in Stunden kennen zu lernen, in denen sie sich ganz geben, wie sie sind. Heute kann ich mich nicht mehr an all die Männer erinnern, die da abends auf der Treppe bei ihrem Pfeifchen sich behaglich fühlten. Die Stillen werden immer leicht vergessen. Ich habe ja auch als Junge kein Recht gehabt, mit den Männern zu tagen, und habe auch als Gymnasiast nur am offenen Fenster hinter geschlossenen Fensterläden den Verhandlungen folgen können. Die hervorstechenden Gestalten, die am meisten das Wort führten, sind mir aber noch heute in deutlichster Erinnerung: der Fischer-Henrich, der Röder-Franz, der Pflüger-Hannes, der

Hesse-Hannes und das »Niklöschen«, das allerdings von jedem Ehrgeiz, als Sprecher zu glänzen, frei war. Der Fischer-Henrich war ein ganz armer, kranker, Mann, der über einer Schmiede mit seinen Kindern einen verrußten Raum bewohnte, der menschenunwürdig und gesundheitsvernichtend war. Verdienen konnte der Mann kaum etwas, weshalb seine Kinder bei guten Leuten um Gaben vorsprechen mußten. Da jedermann wußte, daß der Henrich arbeiten würde, wenn er noch könnte, gaben die Leute seinen Kindern von Herzen gerne, um die äußerste Not fernzuhalten. Im Ährenlesen, im Kartoffelstoppeln waren seine Kinder überaus fleißig, so daß an der »Kerb« das Mehl für ein paar Kuchen nicht fehlte und im Herbste ein kleiner Vorrat an Winterkartoffeln vorhanden war. So bettelarm der Henrich war, einen Proletarier nenne ich ihn nicht. Ihm fehlte jede Verbitterung, jede Verbissenheit. Er schickte sich in seine arme, traurige Lage und wußte, daß er nicht halten blieb. Ja, er konnte sogar mit einem gewissen Humor über seine eigene Armut scherzen. Eines Abends klagten die Männer, daß der Direktor der Kartoffelfabrik wieder stark auf die neuen Kartoffelpreise drücke. Da rief der Henrich humorvoll: »Ihr Männer, macht's wie ich, den bragg' ich!« Er meinte, den lege ich brach, dem liefere ich keine. Das sagte er mit einer Miene, als ob ihm nicht bloß Kartoffeln die Keller füllten, sondern dazu noch in Mengen in Feldmieten »eingemacht« seien. Als die Männer über diesen Weisheitsspruch des Henrich lachten, da lachte er herzlich mit. Auch sonst bewies der Heinrich oft im »Reichstag« Schlagfertigkeit und Witz und war darum als Redner wohlgelitten. Arm, wie er gelebt, ist der Henrich auch arm gestorben. Ein Stück von einem lachenden Philosophen ist mit ihm begraben worden. Seine Buben sind mir aus dem Gesicht gekommen, ich habe nie mehr etwas von ihnen gehört.

Eine andere Nummer war der Röder-Franzl, der viel beim Vater als Taglöhner tätig war. Schon in vorgeschrittenen Jahren ernährte er Frau und zwei erwachsene Töchter schlecht und recht durch seiner Hände Arbeit und mußte es erleben, daß ihm die zwei Töchter wegstarben, soviel ich

weiß, auch an der Schwindsucht. Der Röder-Franzl war der Historiker des Reichstagtes, Spezialist sogar, da er ganz genau im Jahre 1848 bewandert zu sein vorgab. Es besteht aber der begründete Verdacht, daß seine historischen Schilderungen von zahlreichen Aufschneidereien durchsetzt, wenn nicht gar ganz daraus zusammengesetzt waren. Er stellte sich selbst als Freischärler von 1848 vor und wollte im badischen Unterland Wunder der Tapferkeit gegen die ihm verhaßten Preußen verrichtet haben. Stundenlang konnte der Franzl im »Reichstage« von seinen Heldentaten aus 1848 erzählen, oft unter schallendem Gelächter seiner Kollegen. Und je größer das Gelächter wurde, desto mehr bemühte sich der Franzl neue Heldentaten aufzutischen. Einmal war ihm, wie er erzählte, die Munition ausgegangen. Zum Glück lag er in einem Kirschbaum. Da kam er auf den Gedanken, mit Kirschkernen zu schießen. Fast eine ganze preußische Kompagnie legte er auf diese Weise um. Auf einmal wurde er entdeckt. Der preußische Hauptmann kam ganz nahe an den Kirschbaum heran und rief dem Franzl hinauf: »Kerl, hör' auf, ein paar Leute muß ich doch noch zurückbringen.« Den Franzl erbarmte der arme Hauptmann, und er stellte die Feindseligkeiten ein. So konnte der Röder-Franzl sich umso wilder geben, je zahmer er in Wirklichkeit war. Vor dem blauen Tuch des Polizisten oder der Pickelhaube den Gendarmen hatte er einen Riesenrespekt. Ich glaube, dieser Riesenrespekt hat schon genügt, den Franzl von jedem bewußten Gesetzesbruch abzuschrecken. Eines Tages waren wieder Wellen von dem großen Wellenstock im Felde für die Beheizung des väterlichen Holzbackofens in größerer Menge eingefahren worden. Der große Wellenstock wurde ganz

abgetragen. Solche Wellenstöcke saßen mitunter ihre zwei Jahre auf dem Feldplatz, von dem die ganze Gegend den Namen »an den Wellen« erhielt. In diese Wellen bauten sich gerne Lapins ein. Bei dem Abfahren hatte der Franzl eines »geknüppelt« und sorgsam seiner Frau für einen Sonntagsbraten überbracht. Er muß eine Ahnung davon gehabt haben, daß Lapins unter das Jagdgesetz fielen und teilte es deshalb Vater nur im strengsten Vertrauen mit. Der Vater erlaubte sich einen Scherz. Er wußte es einzurichten, daß am kommenden Sonntag zur Essenszeit gleich nach dem Hochamt dem Franzl der Wochenlohn durch den Nachbar Schmelzer, der die Polizistenuniform trug, überbracht wurde. In seiner kleinen Wohnung hatte der Franzl seinen Tischplatz am Fenster. So sah er den Nachbar Schmelzer auf das Häuschen zukommen und bekam einen großen Schrecken. Der Hasenbraten verschwand vom Tisch rasch ins Bett. Als der harmlose Bote des Vaters wieder abgezogen war, wurde die Mahlzeit fortgesetzt, aber so ganz gut dürfte der Braten dem Franzl nicht mehr geschmeckt haben. Denn am Nachmittag kam er zum Vater und bat ihn, ihm doch den Lohn nicht mehr durch den Schmelzer zu schicken. Er habe bei seinem Kaninchenbraten einen schönen Schrecken gekriegt und werde kein zweites Kaninchen mehr knüppeln. Denn der Braten sei den Schrecken nicht wert. Daraus ersieht man, wie harmlos der Franzl war, und man muß nur die Phantasie bewundern, mit der er immer neue Heldentaten ersann. Hatte er einmal eine Heldentat mit ganz unmöglichen Ausschmückungen erzählt, dann verteidigte er nachher das Ganze und alle Einzelheiten gegen die vielen Einwendungen, die ihm im »Reichstag« gemacht wurden. Oft bin auch ich

als Gymnasiast während seiner Arbeitsstunden an ihn herangetreten und habe ihn zum Erzählen veranlaßt, nur um Einwendungen gegen die Möglichkeit des Erzählten machen zu können. Tat ich das, dann schaute er mich ganz ernst an und meinte: »Bub, Du darfst in das, was ernste Männer Dir erzählen, keine Zweifel setzen. Du bist noch zu jung und hast noch keinen Pulverdampf gerochen. Im Krieg ist viel mehr möglich, als Du Dir träumen lässest.« Nach einer solchen Antwort ließ ich den Franzl in Ruhe. Als ich Münchhausens wunderbare Geschichten kennen lernte, dachte ich oft: Der Franzl hatte das Zeug zu einem anderen Münchhausen. Wäre er unter einem günstigeren Stern geboren worden, dann wäre er ein famoser Geschichtenschreiber für die abenteuerlustige Jugend geworden, und seine ausschweifende Phantasie hätte gewiß nicht versagt. So lebte und starb er als armer Taglöhner, und niemals hätte jemand noch ein Wort über ihn gehört, wenn er nicht als Mitglied des »Reichstages« in meinem Gedächtnis lebendig geblieben wäre und so im Rahmen dieser Skizze seinen Bildplatz gefunden hätte.

Der dritte, den ich nennen möchte, war der Pflüger-Hannes, ein einäugiger und zugleich einschichtiger Mann, ein Bauer, der wahrscheinlich der Gruppe der armen Hauderer beigezählt werden muß. Was ich ihm hoch anrechne, ist die Tatsache, daß er nur für seine Stiefmutter arbeitete, die der Vater des Hannes heiratete, als dieser schon ziemlich herangewachsen war. Der Hannes machte der Stiefmutter den Knecht, und daß er es mit einer vorbildlichen Selbstlosigkeit und Treue tat, gibt dem Hannes in meinen Augen Heldwert. Reichtümer hat er gewiß der Stiefmutter nicht sammeln können, aber daß er ihr den Betrieb aufrecht erhielt, ist schon etwas Großes. Und da er sich rechtzeitig zum Sterben hinlegte, erbte die jüngere Stiefschwester den ganzen Kram, in dem ungeheuer viel Arbeit, Schweiß und Mühe des Hannes steckte. Im »Reichstag« begnügte er sich in der Regel damit, sein Pfeifchen zu rauchen und zuzuhören. Reden, wie der Henrich und der Franzl sie führten, gab es bei ihm nicht. Aber er war der

Mann der Zwischenrufe und Zwischenbemerkungen, manchmal scharf und beißend, namentlich wenn ortspolitische Fragen behandelt wurden, dann berichtigend und beruhigend, immer aber so, daß sie den Mann seiner Zeitung und, was mehr wert ist, den Mann selbständigen Denkens verriet. Auf die Zwischenbemerkungen des Pflüger-Hannes war ich immer gespannt, namentlich in den späteren Jahren, wo ich fähig war, das logische und gerechte Denken des Hannes zu verstehen und zu würdigen. Hätte er studieren können, ein Mann vieler Worte wäre er nicht geworden, aber was er gesagt hätte, hätte Hand und Fuß gehabt. So aber blieb er ein armer Kleinbauer, oder soll ich sagen Bauernknecht? Aber kann man nicht auch als Bauernknecht seinem Leben Sinn und Ziel retten? Der Hannes hat es getan, vielleicht ohne sich dessen so voll bewußt zu werden.

Stand der Pflüger-Hannes seiner ganzen Art nach im Gegensatz zum Fischer-Henrich und zum Röder-Franzl, noch größer war deren Gegensatz zum Hesse-Hannes, der auch einschichtig war, wie der Pflüger-Hannes. Der Hesse-Hannes stak auch in einer schwindsuchtheimgesuchten Familie drin, und er ist, wie mehrere seiner Geschwister, ein Opfer der erbarmungslosen Würgerin geworden. Damals, wie er ebenfalls viel als Taglöhner im Hause arbeitete, merkte man noch nichts davon. Er war gedienter Artillerist und spielte im »Reichstag« gern den Spaßmacher. Zweifellos hatte er das Zeug zu einem Humoristen. Der Hesse-Hannes verstand es zunächst, die Männer anzuzapfen und zum Reden zu bringen, er warf kurze, trockene Bemerkungen dazwischen und suchte den einen gegen den anderen auszuspielen. Darauf beschränkte sich fast seine ganze Tätigkeit im »Reichstag«. Aber seine Art war notwendig und wirkte belebend. Es war schon ein großer Unterschied, ob der Hesse-Hannes in der Sitzung war oder nicht. Freilich, dem Röder-Franzl wäre es am liebsten gewesen, wenn der Hannes überhaupt nicht zu den Sitzungen gekommen wäre. Denn der setzte die meisten Zweifel in seine wundersamen Heldentaten aus 1848 und übertrumpfte ihn gelegentlich durch angebliche Manövererlebnisse, in deren Erfindung die Phantasie des Hannes kaum zu erschöpfen war. Da konnte der Franzl spinnengiftig werden und dem Hannes Feindschaft auf ewige Zeiten schwören. Am nächsten Morgen war alles vergessen, und die beiden arbeiteten wieder friedlich nebeneinander. Noch einen anderen suchte der Hannes gelegentlich zu ärgern, und das war das »Niklöschen«.

Nikolaus Wunderle trug alemannisches Blut in seinen Adern. Doch war sein Vater schon Bürger der kleinen Stadt gewesen, und das »Niklöschen« war auch mit einer Bürgerstochter verheiratet. Seines Zeichens war er ein Schreiner, und als solcher erlangte er eine gewisse Bedeutung und Berühmtheit, weil er schließlich fast der einzige Sargschreiner des Städtchens war. Das allein sicherte ihm schon sein Brot. Daneben war er auch noch Ruhbauer und hauderte im Felde, wenn in der Werkstatt die Arbeit fehlte. Eine Eigenheit hatte das »Niklöschen«: er war pünktlich im Sarganliefern, sonst kam er immer und überall und jederzeit zu spät. Selbst zum Opfergang in den Requiems schlüpfte er gerade zum Offertorium im Hochzeitsrock und Zylinder zum Seitenpförtchen in die Kirche herein. Solange er im Hause seiner Frau unmittelbar hinter dem Chor der Kirche wohnte, ging das leidlich. Gefährlich wurde es erst, als er später einen ziemlich weiten Weg zur Kirche hatte. Allein auch über diese Schwierigkeit kam das »Niklöschen« hinaus. Er ging eben zum Opfer, wann er da war, kam er noch vor dem Offertorium, dann ging er vorschriftsmäßig, kam er später, dann sobald als möglich. Das »Niklöschen« habe ich überhaupt zuerst als »Opfergänger« kennengelernt, wenn er den Sarg eines Verstorbenen angefertigt hatte. So hielt das »Niklöschen« lange Jahre hindurch als einziger die Erinnerung an die altchristlichen Opfergänge beim Offertorium hoch, bis auch er eines Tages den Opfergang einfach einstellte. Niemand hat etwas dagegen eingewendet. Es wäre auch eine Ungerechtigkeit gewesen, von dem »Niklöschen« zu verlangen, was die eigenen Verwandten und Freunde des Verstorbenen nicht mehr übten. Bedauert habe ich das Verschwinden dieser altchristlichen Opfergänge immer. Als Priester habe ich Gemeinden kennen gelernt, in denen noch alle Erwachsenen, die dem Seelengottesdienste beiwohnen, zum Opfer gehen. In anderen Pfarreien tuen es noch die Verwandten, Freunde und näheren Bekannten. Wieder in anderen schicken die Verwandten eine Opfergabe an den Sakristan, der dann langsam, gemessenen Schrittes, den Opfergang hält und dafür eine Vergütung bezieht. In meiner Heimat war also, wie wir gesehen, das »Niklöschen« der einzige Sargschreiner. Man sagte, das »Niklöschen« habe die Opfergänge erst eingestellt, als er auf dem Gebiete der Sargschreinerei unbeschränkter Alleinherrscher gewesen sei. Mag dem sein, wie ihm wolle, das Verschwinden des alten kirchlichen Brauches ist bedauerlich, und ich wundere mich nur, daß das »Niklöschen« Energie genug aufbrachte, Totengräber dieses Brauches zu werden. Denn Energie war sonst nicht des »Niklöschens« starke Seite. Er ließ alle Dinge in aller Gemütsruhe an sich herankommen, und dann ließ er ihnen ihren Lauf. Einmal, als er noch im alten Hause hinter der Kirche wohnte, wußte er nicht, wo er ein der Kuhmutter gerade entwöhntes Kalb unterbringen sollte. Es war nur ein ziemlich niedriger alter Schweinestall leer. Das »Niklöschen« entschloß sich, dem Kalb dort die Wohnung zu bereiten. Es erhielt alles, was sich gehörte und wuchs sich im Laufe der Zeit wie alle Kälber zum Rinde aus. Seine Körperdimensionen vertrugen sich nicht mehr mit den Raumverhältnissen des Stalles. Jetzt erst ging dem »Niklöschen« ein Licht auf. Da das Rind im Ställchen sich nicht umdrehen konnte, ließ es sich nicht herausführen, ganz abgesehen davon, daß die Türe zu eng und niedrig gewesen wäre. Am hellen Tag hat man den alten Stall vorsichtig abgebrochen, und das Rind trat den Vorübergehenden von Stunde zu Stunde vollständiger vor Augen, bis es schließlich weggeführt und seinen Artgenossen im Kuhstall beigestellt werden konnte. War das nicht ein ganz netter Schildbürgersteich? Daß man das »Niklöschen« lange Zeit damit aufzog, nahm er nicht weiter übel. Seine Gutmütigkeit war nicht umzubringen. Das zeigte sich auch im »Reichstag«. Das »Niklöschen« erschien als der letzte und ging zunächst mit

J. Heinlein

einem schweren Holzeimer an jeder Hand, grüßend vorüber. Waren die Holzeimer aus gegenüberliegenden Brunnen gefüllt, dann wurden sie bedächtig vor der Treppe niedergestellt. Jetzt erst konnte sich das »Niklöschen« zu den Verhandlungen niederlassen. Jedoch war er bald nur mehr körperlich anwesend. Den müdgeschafften Mann übermannte der Schlaf, der seine Gesundheit oft durch ein kräftiges Schnarchen verriet. Ich glaube, man hätte das schlafende »Niklöschen« forttragen können, ohne daß er erwacht wäre. Der Hesse-Hannes ließ dann öfters die Eimer verschwinden, und nachher gab es ein großes Suchen. Selbst auf dem Wellenstock, der nur mit einer Leiter zu erreichen war, wurden sie gefunden. Das »Niklöschen« verlor über all dem seine Geduld und Ruhe nicht. Einmal schlich sich auch der »Reichstag« in behutsamer Stille auseinander und überließ das schlafende »Niklöschen« seinen Träumen. Auch der vorüberwandelnde Hüter der Nacht ließ den Mann des Friedens in seinem Frieden. Erst gegen vier Uhr soll er erwacht und mit seinen Eimern friedlich nach Hause gezogen sein. Dieser stille Mann, dem anscheinend jede Initiative fehlte, ist in seinem Geschäft gut vorwärtsgekommen, besonders als die Sargschreinerei als Monopol in seinen Händen lag. Er hat seinem Sohne eine Bau- und Möbelschreinerei vorbereitet, die heute noch existiert. Nimmer hätte er das fertiggebracht, wäre er nicht ein ebenso fleißiger wie bedürfnisloser Mann gewesen. Als er anfing, größere Holzmassen zu beziehen, mußte er sich manchmal etwas Geld zuleihen, um seine Verpflichtungen erfüllen zu können. Da hörte ich ihn auch einmal sagen. »Wenn ich ja Glück habe, und es sterben ein paar Leute, kann ich es rasch wieder zurückbringen.« Man sieht, des einen Uhl ist des anderen Nachtigall.

Nun sind sie alle längst in der Ewigkeit, diese einfachen, schlichten »Reichstagler«, deren Leben nur Arbeit, Mühe und Sorge war, und doch der Sonne nicht entbehrte, die aus anspruchslosen, zufriedenen Herzen herausbrach. Mir haben sie viel gegeben. Sie sind, ohne daß sie eine Ahnung davon hatten, die ersten gewesen, die mir Hochachtung vor den kleinen

Leuten mit der schwieligen Hand beibrachten. Ich bin mir freilich in meiner Jugend dessen auch nicht bewußt gewesen. Allein später, als die Probleme des Lebens auf mich eindrangen, als die Rätsel des Proletarismus Lösung verlangten, da kehrten meine Gedanken oft zu diesen schlichten Leuten meiner Jugend zurück, unter denen so viele wirklich Arme waren, ohne daß sie auch nur entfernt an einen modernen Proletarier erinnert hätten. Was unterschied sie von ihm? Zuerst waren sie durch irgend etwas noch mit dem Boden verwachsen, auf dem sie lebten. Sie hatten ein starkes Heimatgefühl. Dann war ihnen Pflichterfüllung, wenn auch am bescheidensten Platze und mit kargem Lohn, etwas Selbstverständliches. Und das alles war schließlich möglich und wirklich, weil sie religiös, wirtschaftlich und sozial auf die Lehren der Kirche eingestellt waren, die ihnen stärkste Antriebe zum christlichen Leben und Handeln gab, so daß für unchristliche Verbitterung kein Raum blieb. Humor und Heiterkeit behielten Platz in ihrem Leben. Heute noch klingen mir die Lieder des Röder-Franzl im Ohre, heute noch höre ich ihn singen:

Wenn die Wagen ohne Pferde gehen,
Wenn die Menschen durch die Lüfte fliegen,
Dann kommt das End' der Welt.

Er hat sich durch diesen Sang allerdings als falschen Propheten erwiesen. Denn die Wagen gehen ohne Pferde, und die Menschen fliegen durch die Lüfte, und das Ende der Welt ist immer noch nicht gekommen. Es wird auch wohl durch die furchtbare Not der Gegenwart noch nicht kommen, wenn Millionen auch heute ihr Heil vom Untergang des Bestehenden erwarten. Die Zeit schreitet voran, eine neue Erfindung jagt die andere, aber auf das Schönste und Beste müssen wir warten: Zufriedene Menschen, von denen einer dem anderen das Lebens Lasten tragen hilft, wie unsere Väter durch Aufbau und Ausbau des religiösen Menschen es getan haben.

Wer war größer, lebensfähiger, und lebensstärker, wer hat sich als nützlicheres Glied der menschlichen Gesellschaft erwiesen, die humorvollen Armen Christi in meiner Jugend oder die verbitterten Armen der ungläubigen Proletarierheere späterer Zeit? Lohnt es sich also, diese Armen von früher aus meiner Erinnerung herauszuholen und auf den Leuchter zu stellen: den Fischer-Henrich, den Röder-Franzl, den Pflüger-Hannes und den Hesse-Hannes? Und wenn das »Niklöschen«, den man nicht zu den Armen rechnen kann, hier neben diesen einherläuft, dann kann das nur zeigen, daß die Leute sich vertrugen, keine Schranken gegeneinander aufrichteten und von zerfressendem Neide frei waren. Ich bin überzeugt, daß Niemand das Niklöschen um seinen allmählichen Aufstieg beneidet hat. Allein die Zeiten ändern sich und mit ihnen auch die Menschen. Möge Gott die schöne Hoffnung, die für die wirklich armen, weil gottfremden Menschen der Gegenwart darin liegt, gnädig erfüllen!

10. Der Tuchbleicher

Täglich sah ich ihn mehrmals mit zwei braunen Kühen entweder zur »Tuchbleiche« wandern oder von da wieder nach Hause zurückkehren. Er besaß eine große, breitausladende Hofreite. Ein zweistöckiges, tiefes Wohnhaus mit großem Wirtschaftshof, der hinten durch die quervorgeschobenen Wirtschaftsgebäude, Scheune und Stallungen, gegen einen großen Garten abgeschlossen wurde. Auf der westlichen Stirnseite des Hauses die Hofeinfahrt, auf der östlichen nochmals ein tiefer, freiliegender Hof, in dem eine Werkstätte für das Küfereihandwerk eingerichtet war. Der Tuchbleicher war im Frühjahr, Sommer und Herbst Tag und Nacht auf der Bleiche, deren Betrieb er als städtischer Pächter zu leiten hatte. Ich glaube, daß die Bleicherei dem guten Herrn Valentin Müller Lebensbedürfniss war. Solange die Bleiche ihn beanspruchte, stand dem Hausbetrieb seine saubere und fleißige Frau Apollonia geb. Distel vor. Ich weiß diesen Namen, weil ich erst vor ein paar Tagen am Grabe des Ehepaares gestanden habe. Und da sind manche Erinnerungen aus der Jugend wieder in mir wach geworden. Die hagere und magere, große Frau Apollonia Müller, sah ich öfters, weil sie geschäftlich fast jeden Tag in mein Elternhaus kam. Sie wußte in allem, was sie wollte, und konnte ein Haus aufweisen, das von bescheidenem bürgerlichen Wohlstand erzählte. Kinder waren viele vorhanden, die entweder schon verheiratet waren, oder im heiratsfähigen Alter standen. Zweimal waren mit dem Hause Müller Aufregung und Erschütterung für mich verbunden. Das erste Mal, als es plötzlich hieß: Müllers haben eine tolle Kuh. Die muß erschossen werden. Die Nachricht war richtig. Bei einer braunen Kuh, die ich oft zur Weide ziehen sah, waren sichere Zeichen der Tollwut festgestellt worden. Meines Wissens wurde aber nie geklärt, woher die Tollwut kam. Zur rechten Zeit noch konnte das übrige Vieh aus dem Stalle geschafft werden. Dann kam der Tierarzt mit einem bekannten

Jagdler, um der tollen Kuh das Leben auszublasen. Für Buben war das natürlich ein Ereignis. Wir kletterten auf Mauern und Bäume, um den streng abgeschlossenen Hof überschauen zu können. Allein wir hörten nur den Knall und sahen, wie die tote Kuh herausgeschleift, verladen und fortgeschafft wurde. Tagelang hat man von der tollen Kuh gesprochen, die Frage des Schadenersatzes erörtert, und dann war die Geschichte begraben. Nur in einem Bubenherzen scheint so etwas nicht sterben zu können. Lange Zeit habe ich den Hof mit einer gewissen Scheu betrachtet, und auch heute gehe ich kaum noch vorüber, ohne dass mir die »tolle Kuh« einfällt. Diesen Verlust hätte der gute Valentin Müller noch überwinden können. Es traf ihn ein viel schwerer. Eines Tages, gegen Abend, so zur Melkzeit ist die Frau Apollonia ganz plötzlich tot zusammengestürzt. Niemand hätte bei der hageren Frau Anlage zum Schlagfluß gesucht. Die ganze Straße geriet in Aufregung. Erwachsene und Kinder eilten in Müllers Haus, aber alles Klagen und Jammern konnte die Frau Apollonia nicht wieder zum Leben erwecken. Müller wurde von der Bleiche geholt und stand in fassungslosem Schmerz vor der Leiche seiner treuen Lebensgefährtin: Er hat sicher lebendig gefühlt, was er verloren hatte. Von jetzt ab ging es nicht mehr vorwärts. Der Müller war auf der Bleiche, und zu Hause fehlte die Frau Apollonia, die durch die zwei Töchter nicht ersetzt werden konnte.

Auf der Bleiche bin ich denn mit Müller auch vertrauter geworden. So groß seine Frau war, er war klein, etwas gebeugt. Er sprach nicht viel, war aber auf seinem Posten und zeigte sich gegen alle Besucher der Bleiche freundlich und hilfsbereit. In einem Winkel, der zum Bleichen nicht benutzt wurde, weideten immer des Bleichers zwei Kühe, wohlbewacht und behütet, damit ihnen nicht ein Spaziergang über das Bleichfeld in den Kopf käme. Wir Kinder durften nur mit der Mutter die Bleiche betreten. Warum? Weil dort ein spitz in die Erde auslaufendes, umfangreiches und tiefes Wasserbecken vorhanden war. Später hat man es zugeschüttet. Es war ganz mit behauenen Sandsteinen ausgemauert. Vier Steintreppen führten zum Wasserspiegel. Benutzt wurde es kaum, so daß das Wasser immer schwarz-grün und faul war. Die Leute mieden das Becken wegen der Gefahr des Hineinfallens beim Wasserschöpfen. Für Kinder war die Gefahr besonders groß. Daher das elterliche Verbot, die Bleiche ohne Schutz der Mutter zu betreten. Mit der Mutter auf die Bleiche zu gehen, war aber ein Hochgenuß. Da hat man sich zunächst beim alten Müller gemeldet und suchte mit ihm einen günstig gelegenen Platz aus. Dann konnten wir Kinder uns ins Gras strecken, Gänseblümchen und Butterblumen rupfen und zu einem Sträußchen binden. Oder wir halfen beim Auflegen und Befestigen der Wäsche. Am interessantesten war es immer, wenn die Mutter ein Stück selbstgesponnener Leinwand zur Bleiche brachte. Ein solches Stück hatte eine schöne Länge, war aber nicht breit. Es mußte, da es wochenlang liegen blieb, besonders gut in der Erde befestigt werden. Das Begießen war eine Hauptsache, wurde aber der Gefahren wegen nur von Erwachsenen besorgt. So konnte ich viel neben unserer Wäsche im Grase liegen und in behaglicher Ruhe den »Custos« spielen. Da fielen meine Blicke auch auf die Höhenzüge des Odenwaldes an der Bergstraße. Bebaute Ackerfelder am unteren Bergabhange nahmen sich im Frühjahre, wenn die Acker gerade mit Saatfrucht bestellt worden waren, oft aus, wie ein ausgespanntes schmales und langes Leinwandstück auf unserer Bleiche. In meiner kindlichen Naivität glaubte ich wirklich, daß dort am Bergabhange im Osten auch Leinwandstücke zum Bleichen ausgespannt seien. Eine große Freude war immer das Einholen der getrockneten Wäsche. Da wurden die großen weißen Waschkörbe auf die Bleiche getragen, und in jedem lag eine lange, rote Schnur, mit der die sich auftürmenden blendend weißen Wäschestükke gebunden und zusammengehalten wurden. Bei einer solchen Gelegenheit konnte sich der Stolz der Hausfrau entfalten. Die rote Schnur wurde von der Mutter sorgfältig verwahrt, und um alles in der Welt hätte sie uns diese Schnur nicht zum Hemmen eines Brautpaares beim Rückweg aus der Kirche ausgeliefert. Schon deßhalb nicht, weil sie nicht wünschte, daß wir zu den »Hemmbuben« gehörten. Da mußte schon die Kolbin aushelfen, die es auch gerne tat, weil sie selbst gerne mitgehemmt hätte. Kam unser Hemmen heraus, dann gab es für uns und die Kolbin Tadel und Schelte, aber die Kolbin tröstete uns immer wieder und lieh beim nächsten Mal ihre rote Schnur ohne Bedenken wieder her. Doch kommen wir vom Hemmgeschäft der Jugend wieder zum Bleichgeschäft der Alten zurück! Waren die Wäschestücke sorgfältig gefaltet eingelegt und mit der roten Schnur am Korbe befestigt, dann erhielt der alte Bleicher sein Bleichgeld und verabschiedete sich mit dem Wunsche auf baldiges Wiedersehen. Stolz wurde die Wäsche nach Hause gefahren oder getragen, und es tat der Hausfrau gut, wenn vorübergehende Frauen die blendende Weiße und die Fülle der Wäschestücke lobten. Daß einmal etwas abhanden gekommen oder verschleppt worden wäre, hat man damals nicht gehört. Der alte Bleicher, der im Bleichhäuschen am Kaffeedämmchen schlief, war auf der Hut, und ein wachsamer Kettenhund tat das Übrige. Wenn ich später in »Dreizehnlinden« gleich die dritte Strophe las:

»Auf die Bleiche bringt das Mädchen,
Was der Winterfließ gesponnen,
Und dem Hain erzählt die Amsel,
Was im Schnee sie still ersonnen,«

dann gingen meine Gedanken immer wieder auf die Bleiche des Heimatstädtchens und ich sah mich wieder beim alten Bleicher im Bleichhäuschen sitzen. Tatsächlich bin ich in späteren Jahren, wenn ich über das Kaffeedämmchen spazierte, oft beim alten Bleicher eingekehrt. Er war aber immer weniger geworden und hatte seine Frau allzulange überlebt. Auch an seiner späteren Entwicklung konnte man sehen, was eine tüchtige Frau im Leben eines braven Mannes bedeutet und welches Unglück es für einen Mann sein kann, wenn die wackere Frau durch einen frühen Tod abgerufen wird. Schließlich hatte sich der alte Bleicher auch an seine Vereinsamung gewöhnt und trug, was das Leben ihm an Enttäuschungen brachte, mit christlicher Geduld. Und als er schließlich an der Seite seiner Apollonia beigesetzt wurde, da ist ihm, wie wir hoffen, wieder ganz wohl geworden. Ich denke seiner als eines lieben guten alten Mannes, mit dem man nicht vergeblich bekannt geworden ist.

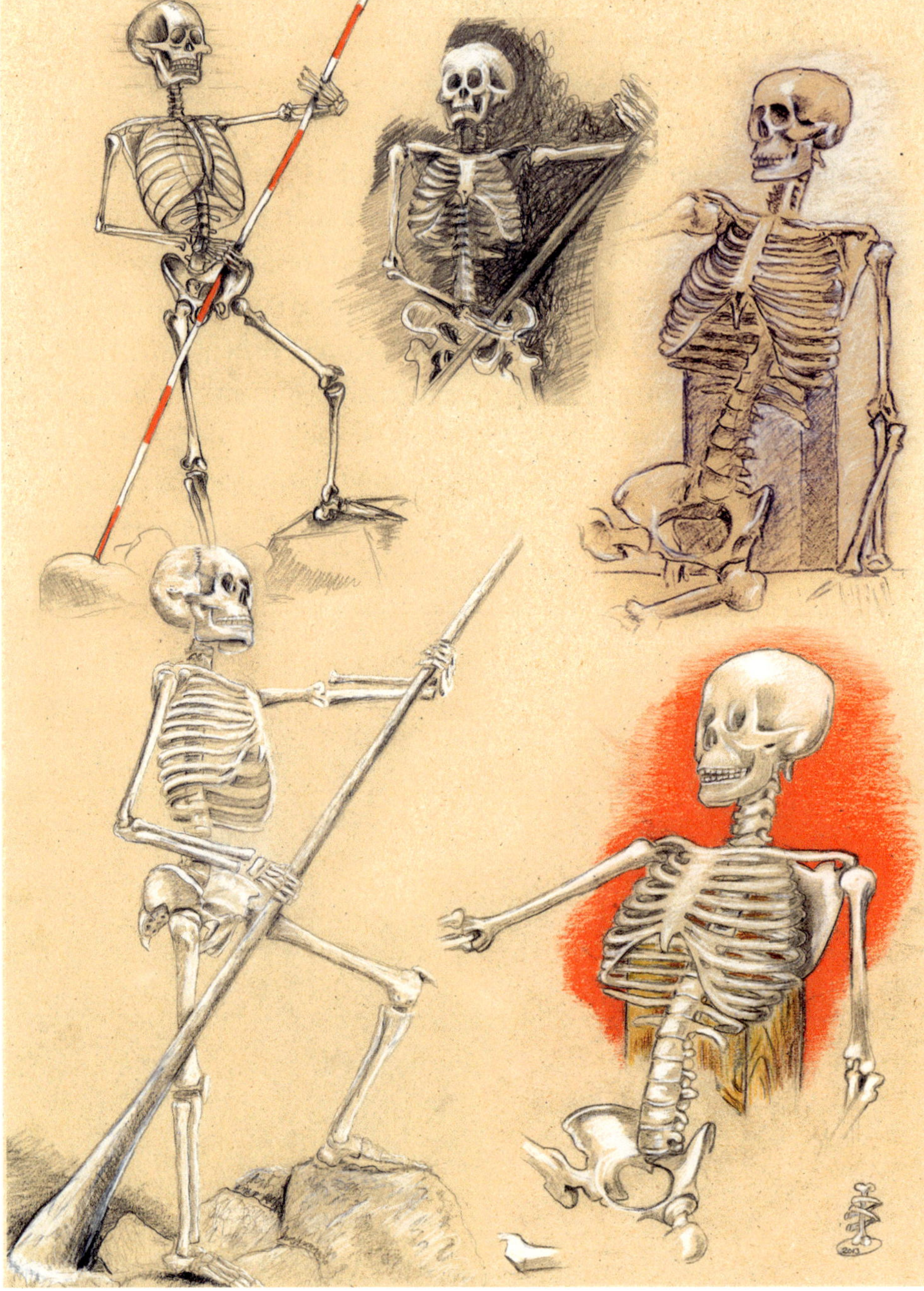

11. Der Kirchhofschütz Müller.

Kirchhofschütz haben wir gesagt. Friedhofsgärtner sagt man heute. Der erste Name gefällt mir besser. Denn der Mann hat zuerst ein Wächteramt. Nicht über die Toten. Die halten von selbst Ruhe und Ordnung, auch wenn sie im Leben Musterexemplare von Widerborstigkeit und Unruhe gewesen sein sollten. Aber über die Lebendigen, die da im Friedhof aus- und eingehen. Die können sich vergessen, können um weniger Pfennige willen den Toten die Blumen vom Grabe wegstehlen. Um der Kinder, die aus Unverstand Schaden anrichten können, und um der Erwachsenen willen, die Gott nicht im Herzen tragen, braucht man für größere Friedhöfe, die sich nicht leicht überschatten lassen, auch in Landgemeinden einen Kirchhofschütz. Als Knabe erlebte ich den Kirchhofschütz Philipp Müller. Wo ich ihn kennen lernte? Auf dem Kirchhof natürlich. Dort war er den ganzen Tag und im Sommer auch einen großen Teil der Nacht. Neben einem alten Grabmal, einem abgebrochenen Säulenstumpf hatte er ein Sitzplätzchen. Und ein Sitzplätzchen brauchte er. Denn er war ein alter, ganz gebrochener kleiner Mann. Sein Oberkörper lag zu den Beinen in einem stumpfen Winkel, der einem rechten unheimlich nahe kam. Immer an einem, später an zwei Stöcken, sah ich ihn sich langsam fortbewegen. Ein scharf geschnittenes Gesicht, eine große Nase, stechende Augen machten ihn uns Kindern unheimlich. Die Schirmmütze zum Schutze der Augen erhöhte noch den Eindruck des Unheimlichen. Und doch war der Alte der beste Mensch der Welt. Er hätte, so scharf er im Reden werden konnte, so sehr wir sprangen, wenn er nur in der Ferne seinen Stock erhob, keiner Fliege etwas zu leide getan. Nur auf Ordnung und Ruhe in seinem Friedhof drang er. Mit dem war er verwachsen. Sein Amt, das ihm nicht viel einbrachte, ging ihm über alles. Das habe ich überhaupt oft an kleinen Leuten feststellen können, denen irgend ein kleines Ämtchen übertragen war. Sie hingen an ihrem Amte mit seinem kargen Einkommen in einem Pflichtbewußtsein, das die Großen in geachteten Stellungen mit großem Gehalt beschämen kann. Ja, die kleinen Leute! Es kann viel Großes in ihnen stecken und aus ihnen wirken, während die sogenannten Großen im Kleinen, das in ihnen ist, ersticken. Der Kirchhofschütz Müller war vom Leben nicht auf die Sonnenseite gestellt worden. Aber auch als Schattenpflanze trug er die aufbauende Kraft eines guten, selbstlosen Menschen in sich und rangiert heute in meiner Erinnerung als ein Kleiner, der mit seinem einen Talent vorzüglich zu arbeiten verstand. Darum würde ich heute, wenn ich ihm nochmals auf »seinem« Friedhof begegnen würde, den Hut viel tiefer vor ihm ziehen, als vor irgend einem der neuzeitlichen Prominenten. Ich sagte vorhin, der Kirchhofsschütz Müller sei mit seinem Friedhof ganz verwachsen gewesen. Das soll nicht bloß sagen, daß er für Sauberkeit der Wege und Gräber, für Ordnung und Ruhe sorgte, nein, er lebte auch mit den Toten in ihren Gräbern. Neben seinem katholischen Glauben an die Auferstehung ging ein gutes Stück unkatholischen Aberglaubens in ihm einher. Und das war so. Wenn der sommerliche Nachthimmel mit seinen Sternen über dem Friedhof glitzerte und glänzte, und der Herr Müller auf seinem Stühlchen neben dem Grabmal saß, dann hatte er seine Gesichte. Er sah, wie die Toten ihre Gräber verließen. Der eine trug ein geschossenes Reh, der andere einen Sack voll Frucht, wieder ein anderer einen Korb voll Obst. Ein vierter zählte Geld. Denen brannte in der Einigkeit eine Sünde auf der Seele, und was sie jetzt trugen und taten, deutete auf die Sünde hin, die ihnen noch in der Ewigkeit schwer zu schaffen machte und sie zur Erde zurückzukehren zwang. Dazu sah der alte Müller schwarze und graue, aber auch helle und weiße Gestalten den Gräbern entsteigen. Er kannte sie, wußte wer sie im Leben waren, und zog aus ihrem Aussehen seine Schlüsse auf ihr Los in der Ewigkeit. Welche Phantasie muß der alte Mann gehabt haben, der all diese Bilder aus sich heraus in die Wirklichkeit übertrug und an diese Wirklichkeit mit einer Hartnäckigkeit glaubte, die keinen Widerspruch duldete. Welcher Mut muß aber auch in dem Männchen lebendig gewesen sein, daß er vor den Gespenstern, die er als wirkliche, dem Grabe entsteigende Friedhofwandler, nicht als Schöpfungen seiner unheimlichen Phantasie ansah, nicht die Flucht ergriff, sondern sie ruhig auf seinem Stühlchen an sich vorüberziehen ließ! Woher ich das alles weiß? Ich habe es den alten Kirchhofsschütz selber erzählen hören. Freilich nicht auf dem Friedhof. Da wagten wir Buben uns nicht so nah an den unheimlichen Mann heran, und er hätte sich auch nicht mit uns abgegeben. Aber ich hatte einen Onkel, und der war Schuhmacher. Bei ihm, dem »Hannesunkel« brachte der Kirchhofschütz die Winterabende zu, da er an ihnen doch nicht auf dem Friedhof sitzen konnte. Das Bett scheint er nicht geliebt zu haben. Es mag für ihn in seinem gebrochenen Zustand auch nicht der bequemste Ruheplatz gewesen sein. Zum «Hannesunkel« ging auch der Vater an manchen Winterabenden nicht ungern. Da durfte ich manchmal mit. Und ich wollte nachher immer mit, seitdem ich wußte, daß der Kirchhofsschütz zugegen war und Friedhofserlebnisse mit den Toten zum Besten gab. Nicht von selbst, sondern gestoßen, nicht in fließender Rede, sondern langsam, stockend, bedächtig. Das Bild, das die Schusterwerkstätte mir bot, habe ich nie vergessen. Eine große Pritsche, die mehr als die Hälfte des kleinen Zimmers einnahm, bedeckt mit Werkzeug, krankem Schuhwerk aller Art und Lederstücken, die zur Anfertigung neuer Schuhe verwendet wurden. Damals hat der Meister noch neue Schuhe angefertigt, und das Handwerk hatte seinen goldenen Boden noch nicht verloren. In der Mitte der Pritsche der Arbeitstisch mit dem nötigen Kleinwerkzeug. Zu beiden Seiten des Tisches einander gegenüber der »Hannesunkel« als Meister und sein ewiger Geselle Karl Kissel als Gehilfe. Vor jedem die im Petroleumlichte glitzernde Schusterglaskugel. Meister und Geselle arbeiteten unverdrossen bis tief in die Nacht hinein. Vor der Pritsche einige abendliche Besucher, der Kirchhofsschütz als Mittelpunkt. Ich muß sagen, das ganze Bild strahlte ein gut Stück mittelalterlicher Romantik aus. Wenn ich später von dem

Schusterpoeten Hans Sachs und dem Schusterphilosophen Jakob Böhme hörte, dann setzte ich im Geiste diese bedeutenden Männer aus dem Schusterstand immer auf die Schusterstühlchen in der Werkstatt meines Onkels und ließ sie da vor der Glaskugel philosophieren und dichten. Vorerst aber hörte ich die Gespenstergeschichten des alten Kirchhofsschützen. Und er trug sie mit einer Überzeugung vor, die durch nichts ins Wanken gebracht werden konnte. Darum vertrug er auch keine Anzweifelung und keinen Widerspruch. Er hörte mitten im Satze auf und redete verstimmt den ganzen Abend kein Wort mehr. Da aber die paar Leute um ihn herum das Gruseln lernen wollten, verzichteten sie auf Widerspruch und forderten ihn höchstens durch Fragen zur Erzählung weiterer Erlebnisse auf. Für mich aber nahm die Sache bald ein Ende. Ich war ein paarmal wirklich ins Gruseln hineingekommen und hatte unruhig geschlafen und geträumt. Da war die Herrlichkeit aus, und ich durfte nicht mehr mit. Der alte Müller aber war mir nahe gekommen, und ich fürchtete mich auf dem Friedhofe nicht mehr vor ihm. Seine Geschichten habe ich nicht vergessen, und meine Achtung vor ihm ist mit der Zeit gewachsen, weil ich mit Ehrfurcht die innere Größe dieses einfachen Mannes verstehen

lernte, dem treueste Pflichterfüllung über alles ging. Sein Phantasieren und Spintisieren über die Toten lernte ich auch verstehen. Er lebte ja Tag und Nacht unter ihnen und hat ihnen sicher sein: Herr, gib ihnen die ewige Ruhe! gar oft in die Ewigkeit nachgesandt. Und durch alles hat er selber um die ewige Ruhe in Gott gerungen.

Gestern, am 15. Mai 1933, bin ich in den Nachmittagsstunden wieder einmal durch den alten Heimatfriedhof gegangen. Ich habe auch am Grab des alten Kirchhofsschützen Müller und vor dem Denkmal gestanden, neben dem er seinerzeit auf einfachem Stühlchen so manchen gespenstischen Sommernachtstraum träumte. Ich glaube, wenn er heute noch einmal seinen Friedhof durchwandern könnte, er bräuchte doch Zeit, um sich in all dem Neuen, das seitdem dort geworden ist, zurechtzufinden. Der neue Erweiterungsteil des Friedhofs wäre ihm vollständiges Neuland. Aber auch im Altgebiet müßte er viel neuen Zuzug seit seinem eigenen Heimgang feststellen, und die meisten dieser neuen Friedhofsbewohner könnten ihm aus ihren Gräbern heraus gar nichts sagen, da er sie im Leben nicht gekannt hat. Aber wenn er dann wieder nachher mit mancher Enttäuschung in sein Grab unterschlupfen müßte, eine doppelte Freude würde er doch mitnehmen. Zuerst Freude darüber, daß sein Nachfolger den Friedhof in guter Ordnung und Reinlichkeit hält. Das hätte ihm sicher gefallen. Dann auch Freude darüber, daß dort so manches Zeichen einer Rückkehr zur christlichen Grabmalkunst sich findet, die berufen ist, der Verödung unserer Friedhöfe durch die fabrikmäßige moderne Steinindustrie langsam entgegenzuwirken. Es finden sich dort neben einigen künstlerisch ausgeführten großen Holzmarterln beachtenswerte einfache Holzkreuze, die als Äußerungen eines geläuterten Geschmacks im christlichen Sinne zu werten find. Aber auch manche neuere Steindenkmäler arbeiten in gleicher Richtung. Dem christlichen Empfinden des alten Müller wären diese Anzeichen einer wiederkehrenden christlichen Grabmalkunst sicher ein Trost gewesen.

TABAK

12. Nachtwächter und Feldschützen.

Als ich ein Bub war, war das poesievolle Nachtwächterhorn schon einige Zeit durch die langweilige Kontrolluhr ersetzt. Nur einmal im Jahre, am Neujahrsmorgen um vier Uhr, konnte man noch das Nachtwächterhorn und den Nachtwächtergesang hören. Da bettelten wir denn am Sylvesterabend beim Schlafengehen bei den Eltern, daß man uns ja um 4 Uhr wekke, damit wir Horn und Lied nicht verpaßten. Das war für die Eltern eine Aufgabe, da sie selbst erst nach Mitternacht zur Ruhe kamen. Denn Vater hatte an diesem Abend die Hände voll zu tun mit seinem Verkauf mürber Bretzeln in verschiedenster Größe. Darauf legte er Wert, damit erzielte er auch eine gute Einnahme. Denn seine Bretzeln hatten Stadtruf. Leute, die das ganze Jahr nicht ins Geschäft kamen, erschienen zu diesem Abend. Allen voran die kleine, bewegliche alte »Hannjosephsen«, die sich regelmäßig mit den Worten einführte »Guten Abend beisammen! Ist wieder ein Jahr herum, und ich will wieder meine Bretzeln kaufen.« Vater behandelte diesen Jahresgast mit einer gewissen Rücksicht, und ich glaube, es was ihm ein physischer Schmerz, als die »Hannjosephsen« zum erstenmale nicht erscheinen konnte, weil sie ihr Dauerquartier auf dem Friedhofe bezogen hatte. Dieser Verkaufsabend interessierte mich ungemein, auch deshalb, weil von 10 Uhr ab hauptsächlich Männer die Einkäufer waren, die ihren Frauen das Neujahr »abgewinnen« wollten. Einer kam kurz vor Mitternacht, angetrunken in einer Art von wirklich »seligem« Rausch. Das war der Petter, ein Riesenmann, aber fast ungelenk und schüchtern. Wenn er den Alkohol spürte, kam er in eine manierliche, zärtliche Stimmung und hätte am liebsten jeden Begegnenden abgeküßt. Vater mußte sich schon wehren, daß er von dem »Petter« nicht auf jede Wange einen ganz derben, schallenden Kuß erhielt. Es erschienen an diesem Abend auch die zwei Nachtwächter des Bezirks, der lange Schmitt, der kaum ein Wort sprach und das »Errniklöschen«, das gesprächiger war. Woher das Niklöschen Meister den Namen »Errniklos« hatte, weiß ich nicht. Jedenfalls hatte er sich einmal in irgend einer Sache geirrt oder auf Irrtum berufen, und ein Schalk hat ihm dafür den Namen »Errniklos« angehängt. Die Nachtwächter, an diesem Abend ganz »Amtspersonen«, wünschten Neujahr und nahmen ihr »Neujahr« dafür entgegen. Denn sie besorgten jahraus, jahrein im Vorbeigehen den Weckdienst um 1 Uhr, damit die Bäcker rechtzeitig an die Arbeit kamen und die Wecke frühzeitig verkauft werden konnten. Bei ihren späteren Rundgängen unterhielt sich Vater schon von seinem Fenster aus mit ihnen. Einmal in einer klaren, hellen und warmen Sommernacht raste das »Errniklöschen« förmlich durch die Straße. Das fiel Vater auf, zumal er schon beobachtet hatte, daß das »Errniklöschen« bei Regenwetter sehr gemütlich einherschritt. Darum fragte er ihn: »Niklos, warum rennst Du heute so? Bei Regenwetter gehst Du doch langsam?« »Ja, weißt Du,« gab das Niklöschen zurück, »bei Regenwetter geht keiner heraus, aber bei so einem Wetter weiß man nie, wie man einem Kerl begegnet, der nicht sauber ist.« Mut ist also des »Errniklöschens« stärkste Seite nicht gewesen. Und doch hat er einmal in einer Wirtschaft einen alten Gauner gestellt, der den Großteil seines Manneslebens in Rockenberg, dem Landeszuchthaus, zubrachte. War einmal seine Strafzeit wieder abgelaufen, dann merkte man ihn bald an verschiedenen Plätzen. Namentlich zog es ihn in die Heimat, wo die Leute ihn zwar nicht erkannten, aber bald zu merken glaubten. Einmal hat er einer jüdischen Familie die Hochzeitsvorräte aus dem Keller geholt. Vermutete man ihn in der Nähe, dann fühlte sich alles unsicher und atmete erst wieder auf, wenn er wieder irgendwo dingfest gemacht war. Es bildete sich ein ganzer Sagenkranz um den gewandten Gauner, der als Hochstapler in Wiesbaden und anderen Badeorten in den feinsten Gesellschaften verkehrt sein soll. Er wurde als wahrer Verwandlungskünstler geschildert. Eines Tages saß er in feiner Aufmachung auch kurz vor Feierabend in einer Wirtschaft. Das »Errniklöschen« trat ein, Feierabend zu bieten. Er sah sich den ungewohnten Gast an, trat auf ihn zu und sprach: »So, Kerl, dich hätten wir wieder einmal. Du bist der N. N.« Ehe sich der Angeredete von seinem Staunen erholte, war er von Männern umringt, gebunden und konnte abgeführt werden. An jenem Abend scheint er ganz sorglos gewesen und seiner Sorglosigkeit zum Opfer gefallen zu sein. Allzu stolz ist das »Errniklöschen« auf seine Heldentat nicht gewesen. Denn der Gefangene trug seinen eigenen Namen, und es bekundet höchstes Pflichtgefühl, daß das »Errniklöschen« Hand an ihn legte, als er ihn erkannt hatte. Ob noch ein entferntes Verwandschaftsverhältnis zwischen beiden bestand, weiß ich nicht mehr. Wäre es gewesen, dann müßte ich das »Errniklöschen« wegen seines tapferen Zugreifens noch höher einschätzen.

Von den Nachtwächtern einen Schritt zu den Feldschützen. Die waren für mich Respektspersonen erster Ordnung. Ich weiß nicht, warum ich mich vor diesen Männern so gefürchtet habe. Sie waren gar nicht so gefährlich. Zwei davon waren trotz ihrer täglichen Bewegung im Freien sehr beleibte Leute: der Fischer-Michel und der Westenberger. Springen konnten sie auf keinen Fall. Das konnte nur der dritte: der Simon, genannt der Bayerfürst, der rasch einherschritt und sicher auch rasch zugriff. Gemeinsam hatten sie, daß sie ohne Pfeife nicht existieren konnten. Der dicke Fischer-Michel soll sich seinen Tabak selbst aus getrockneten Dickwurzblättern bereitet haben. Das ewige Alleinsein und Sinnieren hat ihn zu einem Volksphilosophen gemacht, der mitunter ganz eigenartige Fragen aufwarf. Er selbst sprach wenig, aber seine Frau, die »Fischer-Michels-Kätt« erzählte umso mehr von ihm. Die Frau verehrte ihren Mann und pflegte ihn in gesunden und kranken Tagen mit einer Treue, wie man sie nur bei ganz einfachen, praktisch-religiösen Leuten findet. Ich habe der Kätt immer gerne zugehört, wenn sie ihren Michel pries, und ich habe ihre Trauer beim Heimgang des Fischer-Michel verstanden. Anderer Art und doch auch wieder Volksphilosoph war der alte Westenberger, der sich sehr behäbig gab, aber seinen Dienst auf die Minute pünktlich tat, wenn er sich auch nicht eilte. Diese zwei, der Fischer-Michel und der Westenberger waren bei den Leuten beliebt, der Simon aber nicht. Ich glaube, daß das bei der Anlage des letzteren begreiflich ist. Ihm, dem raschen Mann, entwischte keiner so leicht, er gab auch kaum Pardon. Heute sehe ich das alles, losgelöst vom Volksurteil in damaliger Zeit, und ich muß allen dreien Gerechtigkeit widerfahren lassen. Auch hier war Pflichtbewußtsein, ausgesprochenes Pflichtbewußtsein, und ich frage mich immer wieder: was hatte diese Leute so gebildet und erzogen, daß sie ihre Pflicht wie etwas Selbstverständliches taten? Später hat man jüngere und junge Männer genommen, hat ihnen eine genaue Dienstinstruktion gegeben und ihnen eine Dienstmütze aufs Haupt gesetzt. Und mit abgerichteten

Hunden sind sie ins Feld gezogen, aber ihr Dienst wurde immer schwerer und die Felddiebstähle wurden immer zahlreicher. Ist es nicht auffallend, daß gleichzeitig mit dieser Entwicklung die Hochachtung vor den Geboten Gottes in den Herzen zerbröckelte? Und heute? Was heute irgendwie einen Polizeidienst hat, tut sich furchtbar schwer, hat täglich zweimal das Totenhemd an. Das wird erst wieder anders, wenn das: Du sollst! und: Du sollst nicht! der 10 Gebote ganz neu wieder und mit ursprünglicher Kraft in den Herzen auflebt. Niemand weiß das besser, als die modernen Kommunisten, die darum die Religion als Opium für das Volk erklären. Eines ist sicher: Religiös-sittliche Gesinnung des Volkes kann dem Staate mehr als die Hälfte der Polizeikosten ersparen. Ein Volk, das sich von innen heraus selber richtig lenkt, ist gesund. Darum ist unser Volk heute krank, weil es diese Kunst verlernt hat und die zehn Gebote nicht mehr als Richtschnur des ganzen Lebens zu handhaben weiß. Es braucht einen Zuchtmeister, der es wieder auf die rechten Wege stellt. Aber dieser Zuchtmeister hätte einfache Arbeit und sicher Erfolg, wenn er allen Bemühungen das christliche Sittengesetz zugrunde legte, wenn er die Kirche ungestört und ungehindert arbeiten ließe und diese Arbeit aus besten Kräften unterstützte. Wenn er namentlich großen Wert darauf legte, die Kleinen zu Christus zu führen und durch die Kirche im ungebrochenen Geiste des Christentums erziehen zu lassen. Wo die Kirche arbeitet, herrscht Christus, und wo Christus die Volksseele durchwärmt, da stehen Ordnung und Gesetz im Urteil des Volkes in höchster Achtung.

13. Im Judenhaus

In meinen Kindertagen lebte in meiner Heimat noch eine Anzahl Judenfamilien. Sie waren keine reichen Leute, hielten sich in Wohnung und Haushalt durchaus im Rahmen des bescheidenen Mittelstandes, hatten Geld, wenn die anderen hatten, und hatten keines, wenn es bei den anderen fehlte. Ich wüßte keine einzige Judenfamilie die wirklich reich geworden wäre, aber ich könnte viele nennen, die sich am Platze nicht mehr ernähren konnten und deshalb schließlich in der Großstadt Frankfurt untertauchten. Heute sollen, wie man mir sagt, nur mehr vier Familien vorhanden sein, die ihre Synagogengemeinde kaum mehr aufrecht erhalten könnten. Da in meiner Kindheit die verzweigte Familie Levi, deren Haupt den Vornamen »Liebmann« trug, in der Nähe des elterlichen Hauses wohnte und geschäftlich darin verkehrte, so bin ich vielfach in die Wohnungen des Vaters und der Söhne Levi gekommen und habe so manches darin gesehen. Ich muss sagen, große Unterschiede habe ich nicht gefunden. Höchstens, daß die siebenarmige Sabbatlampe in der Wohnung hing und daß an der Wand ein Wasserbecken für die levitischen Reinigungen angebracht war. Sonst war alles genau so bürgerlich einfach und bescheiden wie im durchschnittlichen Christenhaus. Am meisten kam ich als Bub in das Häuschen des alten Liebmann. Der alte Liebmann, eine stattliche Erscheinung, betrieb einen kleinen Viehhandel, den seine zwei ältesten Söhne Joseph und Feist (Ferdinand) später vergrößerten. Er war wegen seines heiteren Temperamentes überall wohlgelitten und verstand sich prächtig mit meinem Vater. Eines Tages nahm er, der Schule wegen, wie er sagte, den Sohn einer auswärts verheirateten Tochter zu sich ins Haus. Dieser Joseph May war mir gleichaltrig, aber etwas schwer von Begriff. Auf Wunsch des Großvaters sollte er seine Schulaufgaben mit mir machen. War ich nicht zuhause, dann half ihm wohl auch der Vater. Allein gegen die Mithilfe des Vaters war der alte Liebmann mißtrauisch. Er fragte den Joseph immer, wer ihm geholfen habe. Und wenn die Antwort lautete: Der Herr L. hat mir selbst geholfen, dann sah der Großvater Liebmann alles genau durch. So entdeckte er eines Tages in Sätzen, die über G. niedergeschrieben werden sollten, auch die Niederschrift: »Die Gemeinde G. besitzt auch einen Wald. Er will aber nicht langen für der Lehrer Gehalt.« »Lösche das gleich aus«, rief der Großvater Liebmann, »der Lehrer hätte dir morgen schön den Buckel verbläut, wenn er diesen Satz gelesen hätte. Dem alten L. darfst du nicht trauen, der kann seine Schnaken nicht lassen.« Und er kam zum Vater und machte ihm Vorhalt. Ein andermal wollte der Joseph mit aller Gewalt einen Bogen haben, mit dem Rohrstücke, denen ein Holunderpfropfen aufgesteckt war, abgeschossen wurden. Der Vater erfüllte seinen Wunsch. Nachdem der Bogen ausprobiert war, sprang der Joseph nach Hause und rief der Großmutter, die immer hinter dem Fenster saß, zu: »Großmutter, sieh mal, wie ich schießen kann.« Und schoß ohne Besinnen durch die Fensterscheibe hindurch. Wieder gab's Aufregung und Vorstellung, weil der Vater auch an dieser Heldentat des Joseph schuld sein sollte. Aber die edle Freundschaft bekam durch all das keinen Riß. Im Gegenteil! Da der alte Liebmann wußte, daß Vater den Wert eines Stückes Vieh genau abzuschätzen verstand, mußte der Joseph Kälber und Rinder zum Scheinkauf vorführen. Es gab zwischen Vater und ihm ein lustiges Fordern und Bieten, und alle Umstehenden lachten über den Eifer, mit dem das »Dörnchen Joseph sich spitzte«. Oft trat der Großvater Liebmann dann selbst hinzu und freute sich, wenn er den Joseph im Handeln tüchtiger fand, als im Rechtschreiben und im Rechnen. So kam ich denn das ganze Jahr hindurch auch in das Haus des alten Liebmann, habe die Großmutter und die verwachsene Tochter Bawett, die den Haushalt führte, gut gekannt. Es ist mir immer aufgefallen, daß die Tochter einen ausgesprochen christlichen Namen führte, wie denn auch die eine Schwiegertochter Malchen (Amalie) und die andere, die zweite Frau Josephs, Rika (Friderica) hieß. Später erkannte ich, daß die Juden in der Wahl ihrer Vornamen dem alten Testament immer untreuer wurden. Die Bawett kam fast das ganze Jahr nicht aus dem Haus. Wenn aber das Frühjahr kam und die jungen Geißlein eßbar wurden, da fuhr der jüdische Handelsgeist in die Bawett und jetzt wanderte sie Tag für Tag, solange die Saison dauerte, durch die Straßen, um lebendige Zicklein aufzukaufen oder geschlachtete an den Mann zu bringen. War die Zeit vorüber, dann verschwand die Bawett wieder im Inneren des väterlichen Hauses. Noch in späteren Jahren, als die Bawett längst im Hause ihres Bruders wohnte, sah ich sie noch zur Zeit der jungen Geißlein durch die Straßen wandern. Im Hause Liebmann wurde ich immer gut aufgenommen. Sie hatten ein süßes Gebäck, das den Mainzer »harten Kuchen« nicht unähnlich war, und von dem manches Stückchen an mich abfiel. Nur zur Zeit der ungesäuerten Brote, wenn alles gesäuerte Brot bereits aus dem Hause geschafft war, wurde die Bawett vorsichtig oder mißtrauisch gegen mich. Sie fragte jedesmal gleich beim Erscheinen ob ich nicht einen Wecken oder ein Stück Brot in der Tasche habe. Und fügte gleich hinzu: »Wenn Du so etwas bei Dir hast, darfst Du in den Ostertagen nicht ins Haus kommen. Matzen kannst Du bekommen, soviel Du willst.« Man sieht, diese Juden wollten streng nach ihrem Gesetze leben. Das merkte ich denn auch in der Folge immer mehr. Ich war dabei, als das von Joseph Levi gekaufte Haus nach einem eigenen Zeremoniell eingeweiht wurde, erlebte als Junge den Tod des alten Liebmann, der Großmutter und des Malchen, der ersten Frau von Joseph, die mit vorbildlicher Kraft und Heiterkeit ihr Hauswesen geleitet und ihre Kinder erzogen hatte. Auch während der achttägigen Totentrauer, bei der die Frauen weiße Schleier trugen und die Männer »rutschten«, ging ich im Hause ein und aus und war Zeuge, wie die Juden aus dem Bickenbacher Begräbnisbezirk während dieser Zeit kamen, um ihre Teilnahme zu bekunden. Immer stand in dieser Zeit das eine oder andere Kaleschchen vor dem kleinen Judenhaus in der Wallstraße. Einmal habe ich auch mit Vater an einem Osteressen bei einem anderen

Levi teilgenommen, der meines Wissens früher mit Mehl gehandelt hatte. Dort war alles eine starke Note vornehmer als bei den Liebmännern. Noch lange schmeckte ich die süßen Speisen nach, die mir bei dem Osteressen von der liebenswürdigen, alten Hausfrau immer wieder aufgenötigt wurden. Nun sind sie alle verschwunden. Die Familie Joseph Levi ist über die Welt zerstreut, und von den Nachkommen Feists lebt noch eine Familie in der Heimat, eine von den vielen. Auch was um den vielgewandten Manufakturwarenhändler Max Ketsch herum lebte und nach ihm kam, ist nicht mehr. So sehr ich später den verderblichen Einfluß der Übermacht des jüdischen Kapitals und der jüdischen Presse kennen lernen und beklagen mußte, die Juden, die ich als Junge in der Heimat kannte, fallen nicht unter die Kategorie der Kapitalisten. Sie waren einfache Bürgersleute, die sich gut in die katholische Gemeinde einfügten, ihre Kinder in die katholische Schule schickten und auch katholischen Festen ihre Achtung bezeugten. Einmal, als der gute, allverehrte Benefiziat Philippi 40 Jahre Priester war, spendeten alle freiwillig ihre Gaben zu einem bescheidenen Jubiläumsgeschenke, und auf einem Transparent an einem Judenhaus war zu lesen:

> »Bin ich gleich ein Israelit,
> feier' ich doch den Festtag mit!«

Ich habe allen Grund zur Annahme, daß diese Teilnahme nicht bloß, ja nicht einmal in erster Linie vom Geschäftsinteresse diktiert war. Der Joseph May, mein Mitschüler, ist später in Amerika untergetaucht, und nie mehr habe ich etwas von ihm gehört. Die alten Judenhäuser sind in Christenhänden und viele Bewohner von heute denken gar nicht mehr daran, daß in ihren Wohnstuben früher die siebenarmige Sabbatlampe am Freitagabend den Sabbat einleuchtete. In mir aber leben die alten Erinnerungen immer wieder auf, wenn ich am Bickenbacher Judenfriedhof vorbeifahre, wohin die Juden meiner Kindheit in ihren ungehobelten, schmucklosen Totenkästen längst alle eingezogen sind. Und ich weiß, daß dort selbst der »Läser« (Lazarus) seinen Schwager Max in Ruhe läßt, dem er im Leben so manche Sorge bereitet hatte. Einmal, am Versöhnungstage sei der »Läser« seinem Schwager beim Verlassen der Synagoge nachgeeilt und habe gesagt: »Na, Max, wir wollen jetzt immer gute Freundschaft halten.« Der aber habe sich umgedreht und erwidert: »Fangst Du schon wieder an?« Er mag Grund gehabt haben, so zu fragen.

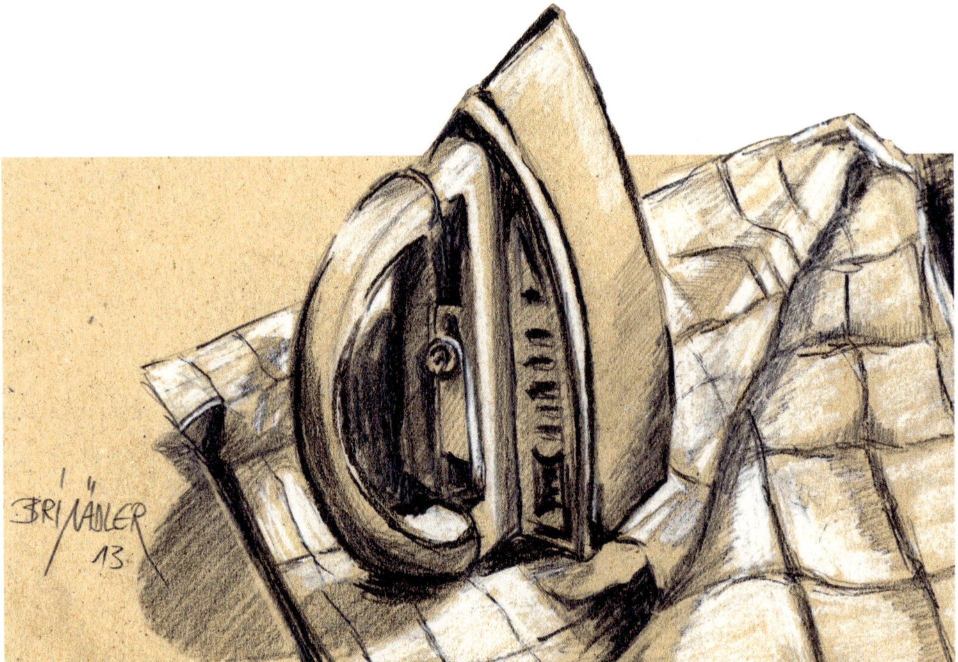

14. Ein treuer Jugendfreund.

Auf den Bänken der höheren Bürgerschule sind wir näher aneinander gekommen, der Jakob Reis und ich. Er war ein ganz schwacher, verwachsener Junge, das Sorgenkind seiner verwitweten Mutter, der Augapfel seiner etwas älteren treuen Schwester, die als Büglerin in ihrem Hause bei Tag und Nacht tätig war. Mutter, Tochter und Sohn haben vorzüglich zusammengestimmt. Die Mutter, eine saubere, rüstige Frau mit fast unbezwingbarer Lebenskraft, half der Tochter im Geschäft und trug die gebügelte Wäsche aus. Wie oft habe ich selbst mit Freund Jakob im Bügelzimmer gesessen und das Schillerwort auf seine Richtigkeit prüfen können: »Wenn gute Reden sie begleiten, dann fließt die Arbeit munter fort.« Noch eine vierte Person lebte damals in dem Haus hinter dem Chor der Pfarrkirche: die Lissetante, eine ebenfalls verwachsene, sehr eigenartige Schwester der Mutter. Die Lissetante fügte sich nicht so ganz reibungslos in die Harmonie der drei, und eine Kleinigkeit genügte, daß sie sich schmollend in ihr Stübchen zurückzog. Dann hielt sie sich oft tagelang von den andern fern. Aber schließlich kam sie von selbst wieder und tat, als ob nichts gewesen wäre. Wenn die Lissetante hinter ihrem Fenster herausschaute und mir beim Betreten des Hauses klopfte, dann wußte ich, wieviel die Uhr geschlagen hatte. Ich mußte dann wohl oder übel einen Augenblick bei ihr eintreten und ihre Klagen anhören. Manchmal packte ich sie kurzer Hand und zog sie in die Bügelstube und sagte: »Heut' bringt mich die Lissetante«. Dann war auf beiden Seiten alles gut. In dieser Bügelstube bin ich als Junge und Gymnasiast unzählige Male aus- und eingegangen, den Jakob zu besuchen. Und ich habe mich dort sehr wohl gefühlt. Die Mutter konnte bei der Arbeit viel und gut erzählen, das Lenchen, die Tochter warf Fragen ein, und der Jakob spielte meistens den stillen Zuhörer. Immer konnte man merken, daß Mutter und Tochter die Sorge um den schwachen, bleichen Jakob, dessen Gebrochensein mit jedem Jahr deutlicher in Erscheinung trat, nicht los wurden. Aber Jakob hatte einen starken Willen. Nachdem er aus der Schule entlassen wurde, ging er als Schreiber zum Gerichtvollzieher. Er machte auch das Gerichtsvollzieherexamen und war dann längere Jahre auf dem Gerichte selbst tätig. Lange pressierte es dem Jakob und seinen Leuten gar nicht mit einer anderweitigen Verwendung. Denn zuhause hatten sie Haus und Garten, einen schönen Verdienst und liebe Freunde. Aber eines Tages, als der Jakob schon längere Zeit im Mannesalter stand, nahm er doch eine Berufung als Gerichtsvollzieher nach Hungen an. Das war für ihn und seine Mutter und Schwester ein gar schwerer Entschluß. Man denke sich: der gute Jakob mit seinem gebrochenen Körper und seinem butterweichen Herzen ein - Gerichtsvollzieher. Er, der herschenkte, was er hatte, sollte von jetzt ab dienstlich den Leuten entziehen, was sie freiwillig nicht hergeben wollten. Er, der junge Mann mit seiner frommen, urkatholischen Seele, der mit jeder Faser seines Herzens an der alten Wallfahrtskapelle der Heimat hing, sollte in das protestantische Oberhessen verpflanzt werden! Wir sollten nicht mehr zusammen nach Einsiedel pilgern, sollten auch nicht mehr gemeinsam beim alten Schmitte-Jean sitzen, der auf seinem Schusterstuhl unermüdlich das Lob der Muttergottes sang, der die einfachsten Lebensgewohnheiten hatte und in seiner Art auch ein Philosoph war! Aber der Jakob hat das blutende Herz verborgen und nur das starke Wollen gezeigt. Er ist stark geworden um der Mutter und der Schwester willen, deren Opfer er für größer hielt als das seine. Denn daß Mutter und Schwester ihr Sorgenkind nicht allein in die Fremde ziehen ließen, war selbstverständlich. So gaben sie Haus und Garten, Geschäft und Einkünfte dran und zogen mit dem Jakob nach Oberhessen. Jakob mußte jetzt für den Unterhalt sorgen. Zum Glück war kurze Zeit vorher in Hungen von Gießen aus ein katholisches Missionshaus mit schöner Kapelle errichtet worden. Und Gott fügte es, daß die drei im Missionshaus selbst eine Wohnung finden konnten. So hat der Jakob zur Freude und zum Troste seiner frommen Seele den Rest seiner Lebensjahre mit dem eucharistischen Heiland unter einem Dache zugebracht. Dort hat er sich sicher auch die Kraft geholt, um sein schwieriges Amt gerecht und gütig zugleich ausüben zu können. Jahrelang hat der Jakob noch in Glück und Frieden mit Mutter und Schwester zusammengelebt, bis seine Kraft mit 45 Lebensjahren verzehrt war. Eine solche Lebensdauer hätte der Jakob nicht erreicht, wenn Mutter und Schwester ihm nicht unermüdlich ihre ganze Sorge und Liebe zugewandt hätten. Einmal bin ich droben gewesen und konnte zu meiner Freude sehen, wie die drei nur für einander lebten. An allen hervorragenderen Tagen meines Weges zum Priestertum stand der Jakob mit Mutter und Schwester betend und glückwünschend. Wie sehr ich, auch nach der räumlichen Trennung, dem stillen Manne verbunden blieb, das offenbarte mir sein ziemlich unerwartetes Hinscheiden. Erst ganz kurz vor der Beerdigung in G. erfuhr ich es durch eine kalte Postkarte. Ich kam aber noch so rechtzeitig in der Heimat an, daß ich die Leiche des guten Jakob als amtierender Priester zum Grabe geleiten konnte. Seine Mutter und Schwester empfanden darüber großen Trost. Bald sind dann die beiden auch wieder in die Heimat zurückgezogen und oft habe ich sie besucht. Mutter und Schwester lebten jetzt der Erinnerung an ihren Jakob, und die Mutter stellte oft mit Stolz fest: »Die Körperkräfte allein tun es nicht. Wenn es darauf allein ankäme, hätte unser Jakob nichts leisten können. Denn er war schwach von Geburt an und wurde 45 Jahre lang eigentlich immer schwächer. Aber er hat einen starken Willen gehabt, der Jakob, und mit diesem starken Willen hat er es geschafft, und unser Herrgott hat seinen Segen dazu gegeben.« Diesem Urteil der Mutter habe ich nichts beizufügen. Die Mutter lebte noch viele Jahre und starb 93jährig als älteste Frau ihrer Heimatgemeinde. Die Tochter lebt heute noch mehr als siebzigjährig. Sie pflegt die Gräber auf dem Friedhof und wartet in Geduld auf die Stunde, in der sie den beiden anderen beigesellt wird, für die sie ihr Leben lang gearbeitet und gesorgt hat. Sie ist mir ein Beweis dafür, daß die

Liebe stärker ist als der Tod, und daß auch mitten in einer Welt voller Selbstsucht die Selbstlosen nicht aussterben. Daran muß ich immer denken, wenn ich am Grab des Jakob stehe, mit dem ich mehr als dreißig Jahre in einer Freundschaft verbunden war, die weder durch die Zeit, noch durch die räumliche Entfernung in Wahrhaftigkeit und Wärme beeinträchtigt werden konnte. Er hatte eine goldene, selbstlose Seele. Dazu war er grundgütig, immer bereit, das Letzte herzugeben. Wie schwer müssen ihm die Amtsgänge und Amtspflichten geworden sein, da er doch oft nur holen sollte, was andere freiwillig nicht hergeben wollten oder konnten.

Jedermann weiß, daß der Gerichtsvollzieher, dessen Amtsbereich allerdings mit Pfänden und Pfandveräußern nicht voll umschrieben ist, zu den allerunbeliebtesten Persönlichkeiten eines Gerichtsbezirkes gehört, wenn er nicht dort die unbeliebteste Erscheinung überhaupt ist. Wie oft ließ man schon den armen Gerichtsvollzieher entgelten, was er nicht verschuldet hat. Männer von militärischer Haltung und Entschiedenheit im Auftreten setzen sich durch, aber ein Mann wie Jakob Reis, der körperlich die Schwäche selber war, und dessen weiche, mitleidige Seele bei jeder unangenehmen Diensthandlung mitbluten mußte, tat sich sicher ungeheuer schwer und mußte manche Anzüglichkeiten und Rohheiten als Zugabe zu seiner Diensthandlung mit in Kauf nehmen. Ich habe auch sichere Anhaltspunkte für die Annahme, daß er, wenn er sich nackter Armut gegenübersah, in die eigene Tasche griff und deckte, was andere, die dazu verpflichtet gewesen wären, nicht decken konnten. Ein vermögender Mann wäre der Jakob aus seinem Amte nicht geworden, auch wenn er bis zum fünfundsechzigsten Jahre hätte amtieren können. In B. ist mir später eine gleichgute Gerichtsvollzieherseele begegnet. Dieser Mann kam vom Militär, verfügte über ein immerhin entschiedenes Auftreten, war aber der eifrigste Helfer der Leute, bei denen er pfänden mußte. Und er hat sich den

Beinamen »der Gute« errungen. Woher hatten die beiden die Kraft, Güte zu zeigen bei Diensthandlungen, die die »Güte« auszuschließen schienen? Aus ihrer tiefen Religiosität, die die Pflicht der Nächstenliebe nicht mit einem gelegentlichen Almosen erfüllt sahen. Gott greift in jeden Stand und weiß auch dort Liebe und Güte zu säen, wo der Beruf nur formale Gerechtigkeit und ihren rücksichtslosen Vollzug zu gestatten scheint.

15. Der Mutter Sonntagsuhr.

Die Mutter hatte eine eigenartige Sonntagsuhr. Das war der Weckerles Matthes. Wenn er am Hause vorbei in die Kirche ging und die Mutter ihn sah, dann sagte sie: »Es muß gleich Evangelium läuten, der Weckerles Matthes geht ins Amt.« Damit gab sie sich selber eine Weisung für die Bereitung des Mittagessens. Denn gleich nach dem Amt wurde gegessen. Wenn der Matthes am Nachmittag vom »Amt« nach Hause ging dann sagte sie zu uns Kindern: »Es viertel Zwei. Der Weckerles Matthes geht heim. Macht euch fort zur Christenlehre!« Daraus ersieht man, daß der Weckerles Matthes sonntags regelmäßig zu spät, aber immer um die gleiche Zeit zum Gottesdienst ging. Wenn er dann nach dem Amt zum Frühschoppen beim »Kronewertsvetter« eingekehrt war, dann hielt er aus, bis ein Uhr vorüber war. Jetzt erst trat er den Heimweg an. So konnte die Mutter den Mann, er bei aller Unpünktlichkeit eine gewisse Pünktlichkeit nicht vermissen ließ, als Sonntagsuhr benutzen, ohne fürchten zu müssen, daß sie sich dabei versah.

Wer war der Weckerles Matthes? Kein armer Mann. Er gehörte sogar zu den Honoratioren des Städtchens und war mit den damals verzweigten Familien Gambel und Allendörfer verwandt und verschwägert. Er hatte eine größere Familie und lebte mit ihr in behaglichem Wohlstand. Seines Zeichens war er ein Schreiner, und jedermann gab ihm das Zeugnis, daß er ein tüchtiger Bau- und Möbelschreiner war. Ich selbst besitze noch eine Bettstelle, die er um 33 Gulden anfertigte. Wenn Vater ein ganz solides Möbelstück haben wollte, das nicht umzubringen war, dann mußte der Weckerles Matthes es anfertigen. In seiner früheren Zeit schreinerte er auch Särge, namentlich, wenn innerhalb seiner Verwandtschaft ein Todesfall eingetreten war. Später gab er die Sargschreinerei auf, weil ihm das Einhalten der Termine zu schwer fiel. Man sagte ihm nach, daß der Geistliche

schon zur Einsegnung der Leiche vor dem Hause gestanden, aber der Matthes habe den Sarg noch nicht angeliefert gehabt. Ich möchte darin einen Spaß sehen, durch den die Unpünktlichkeit des Herrn Weckerle charakterisiert werden sollte. Aber es bleibt die Tatsache bestehen, daß er wieder pünktlich in seiner Unpünktlichkeit war. Sonst hätte er nicht Mutters Sonntagsuhr werden können. Im Sterben war der gute Mann schließlich ganz pünktlich. Er starb ziemlich unerwartet an einem Schlaganfall. Seine Bedächtigkeit und Unpünktlichkeit ist lange in der Nachbarschaft wenigstens sprichwörtlich geblieben. »Der springt wie der Weckerles Matthes.« Und der sprang nie. »Der ist pünktlich, wie der Weckerles Matthes.« Und der ließ sich über Pünktlichkeit keine grauen Haare wachsen. Zuletzt ist er doch ziemlich frühzeitig sogar in der Ewigkeit gelandet. Und er wird gut angekommen sein, da er im Leben ein gerechter und braver Mann und ein sorgsamer Hausvater war. Als Mutters Sonntagsuhr lebt er in meiner Erinnerung weiter.

16. Der Kronewertsvetter.

Persönlich bin ich mit dem »Kronewertsvetter«, wie er genannt wurde, kaum in Verbindung gekommen. Er war ein alter Herr, der auf Würde halten wollte, ich war ein Bub, den gemachte Würde höchstens zum Spotte reizte. Aber gesehen habe ich den »Kronewertsvetter« oft und gehört habe ich von ihm kaum weniger. Er gehörte der weitverzweigten und angesehenen Familie Kindhäuser an und war Wirt zur Krone, dem Stadthause gegenüber. Da er die Leute gerne mit Vetter anredete, wurde er selbst von jedermann Vetter genannt und war zur Unterscheidung von anderen Vettern der »Kronewertsvetter«. Als Alter und Asthma ihn noch nicht quälten, ging er auf die Jagd, die sich später auf Enten- und Schnepfenstrich beschränkte. Noch sehe ich den ziemlich großen, hageren Mann vom »Wörtchen«, einem großen Weidepflanzfeld, die Straße herabkommen, die Flinte umgehängt, bald mit, bald ohne Jagdbeute. Er kam nicht allzu schnell vom Wege, weil er mit Vorübergehenden anbändelte, sie wohl auch auf seine Weise irgendwie zum Besten halten wollte. Denn der »Kronewertsvetter« liebte Jux und Scherz, aber immer auf anderer Kosten. Wenn es an ihn ging, dann fing er zu wettern an, wie alle Empfindlichen, die sich alles erlauben, anderen aber nichts gestatten. Er hielt sich auch für gescheit und unbesiegbar, fiel aber gar oft herein und mußte darum viel Lachen und Spott hinnehmen. Später kam er wenig mehr aus der »Krone« heraus. Jetzt sah ich ihn umso öfter, morgens in aller Frühe schon, wenn ich zur Kirche ging. Denn der Asthmatiker konnte es im Bett nicht aushalten und setzte sich schon, wenn noch volle Ruhe und Dunkelheit über der Straße lag, ans Fenster. Er trug dann einen hellbraunen Schlafrock um die Lenden gegürtet, ein gesticktes Hauskäppchen und die lange Pfeife, ob er rauchte oder nicht. Diese Kleidung legte er auch nicht ab, wenn er zu kurzem Gang das Haus verließ. Wir Buben hätten uns sicher gewundert, wenn er einmal nicht sich als stattliche Spitzwegfigur gezeigt hätte. Kam dann in der Frü-

Dies haus
zur Krone
ist benannt
Es stehet fest
in Gottes
hand

he allmählich Leben in die Straße herein, dann hatte der »Kronewertsvetter« bald keine Langeweile mehr. Er ließ sich mit den Vorübergehenden in Gespräche ein und war so ziemlich den ganzen Vormittag beschäftigt, bis er in der Wirtschaft bei Gästen Gesellschaft fand.

Für sein Leben gern hat er die Leute geuzt. Namentlich für den ersten April ersann er hundert Schliche, um andere hereinlegen zu können. So hatte er einmal den benachbarten »Fabrikfischer«, einen Bäckermeister, der unter dem Namen »Käuzchen« bekannt war, am 1. April schwer hereingelegt. In dem Manne kochte es. Er kam zu meinem Vater und klagt ihm seinen Reinfall. Der Vater sagte: »Nikola geh´ ruhig heim. Dieses Jahr ist nichts mehr zu machen. Aber wenn wir im nächsten Jahre noch leben, zahlen wir´s ihm heim. Du mußt mich nur rechtzeitig daran erinnern.« Das Jahr ging vorüber. Der »Kronewertsvetter« hatte dem »Käuzchen« seinen Reinfall noch öfter unter die Nase gerieben und so selber dafür gesorgt, daß das »Käuzchen« nicht vergessen konnte. Wieder kam der erste April. Das »Käuzchen« meldete sich, und der Vater hatte seinen Plan fertig. Er ging von einem Garten aus, den der Vetter nicht weit von meinem Elternhaus hatte. Diesen Garten, jetzt längst verbaut, liebte und pflegte der »Kronewertsvetter«, und wenn er einmal in Pantoffeln, Schlafrock, Käppchen und langer Pfeife das Haus verließ, dann ging er in seinen Garten. Am Morgen des 1. April erbaten mein Bruder und ich, wie jeden Tag vor dem Kirchgang, den Schulweck. Vater sagte »Ihr bleibt vor dem Hause stehen, bis der Dampfnudels Andrees aus dem Armenhaus kommt (siehe Nr. 1). Da werde ich zum Fenster hinaus schimpfen, und wenn der Andrees fragt, sagt ihr ihm, ein Bauer habe gerade eben am Garten des »Kronewertsvetters« die Lattenwand umgefahren.« Das wurde dem Andrees auftragsgemäß mitgeteilt, und der Andrees, hochbeglückt, daß er dem »Herrn Kindhäuser« einen Dienst tun konnte, erwiderte: »Da geh´ ich gleich hin und sag´s ihm.« Wie immer saß der Vetter in Spitzweguniform am Fenster. »Guten Morgen, Herr Kindhäuser,« rief der Andrees. »Gerad alleweil hat e Bauer Ehne ere

Lattewand am Gorte umgefahre.« Der Alte fuhr auf! Doch er war erkenntlich. »Dös is awer recht, Kneecht, dass De mer dös gesaht hascht, do kriegste aach en Grosche.« Und gab dem Andrees einen Nickel. Der Andrees trollte selig ab und hing sich ans Glockenseil. Derweil lag Vater an seinem Fenster und wartete der kommenden Dinge. Er brauchte nicht lange zu warten. In der üblichen Aufmachung bog der Vetter um die Stadthausecke. Allein er schwenkte in eine Seitenstraße ein. Das konnte sich Vater nicht erklären. Doch das Rätsel löste sich bald. Weiter unten kam der Vetter aus der Wallgasse wieder heraus und hatte den Zimmermann H. bei sich, den er gleich geholt hatte. Daß Vater an seinem Fenster lag, war nichts Ungewöhnliches und konnte darum nicht auffallen. »Wohin so früh, Vetter?« rief er dem Kronenwirt zu. »Denk emol, Heinrich, do hat mer so e schlechter Bauer mei Lattewand am Gorte umgefohre.« Verwunderung, Teilnahme, Missbilligung! Der Vetter zog mit seinem Zimmermann weiter, und Vater schloß das Fenster. Der ältere Bruder mußte im Sturmlauf in die Fabrik zum »Käuzchen« mit der Meldung: »Alles gelungen, sofort in die Krone gehen und sehen, wie der wütende Vetter zurückkommt.« Das »Käuzchen« sprang bis an die Decke und war mit ein paar Schritten in der Krone und setzte sich auf den leeren Fensterplatz des Vetters. Unterdessen hatten die Dinge ihren Lauf genommen. Der Vetter und sein Zimmermann fanden die Lattenwand unversehrt, und der Vetter war sprachlos. Dem Zimmermann aber ging ein Licht auf: »Herr Kindhäuser, heut' ist der erste April.« Nun zog der Vetter wütend zurück. An meinem Elternhaus, dessen Eckfenster jetzt geschlossen war, hob er wie drohend das Pfeifenrohr und meinte: »Dös könnt so aaner von dem do inn seine Straach sei.« Und zog weiter. Zum Unglück lief ihm der Andrees nach dem Gottesdienst gleich in die Hände. Er ließ aber den Unschuldigen nicht die Schuld anderer entgelten. »Kneecht, wer hot der denn dös mit der Lattewand verzählt.« Der Andrees antwortete wahrheitsgemäß. »Na ja, hebb mers jo gedenkt, reingefalle.« Wie der Vetter vor seinem Hause aber das »Käuzchen« zum Fenster herauslachen sah, da ging ein gewaltiges Donnergrollen los, das sich den ganzen Vormittag nicht mehr verziehen wollte. Das »Käuzchen« erinnerte ihn an seine Schuld vom Vorjahre, die nun gesühnt und gebüßt sei.

Ein über das anderemal erklärte der Vetter: »Aamol hätt' er mich krieht, e zwattesmol krieht ehr mich nimmeh.« Gerade diese Versicherung reizte das »Käuzchen«. Er brachte alles brühwarm meinem Vater, und es wurde Kriegsrat gehalten. Eine zeitlang sollte die Krone gemieden werden, bis es dem Vetter selbst unheimlich dabei wurde. Die Männer kannten ihren Pappenheimer. Und so rief er denn eines Tages meinen Bruder an das Fenster und sagte: »Dei Alter kommt ja gar nimmeh. Weje dem Straach am 1. April brauch' er mer doch net's Haus zu meire.« Jetzt war Boden für eine neue Unternehmung geschaffen, durch die der Vetter zum zweitenmal hereingelegt werden sollte. Das »Käuzchen«, Vater und einige andere verabredeten eine gemeinsame Einkehr beim Vetter. Es war die Zeit, in der die dicken Blutwürste und der Schwartenmagen von der winterlichen Haus-

schlachtung angeschnitten wurden. Darauf bauten die Verschworenen, die in der Krone lokalkundig waren und wußten, daß alles Angeschnittene in einem Wandschrank der hinteren Wirtsstube aufbewahrt wurde. Man wählte eine Zeit, in der gewöhnlich keine Gäste da waren. Die Verschworenen stellten sich ein. Der Vetter strahlte. In der Krone wurde nur Wein getrunken. Die Männer schimpften über den schlechten Wein, der Vetter verteidigte seine Güte. Schließlich meinte einer, zu diesem Racheputzer müsse man etwas essen. Er wolle zum »Bichte-Jean«, einem gegenüberwohnenden Metzger, gehen und etwas holen. Das wurde beifällig begrüßt und durch den Auftrag erweitert, wenn möglich, geräucherten Schwartenmagen oder geräucherte Blutwurst zu bringen. Der Vetter, in seiner Seligkeit darüber, daß die Brüder wieder einmal bei ihm waren, war harmlos. Der Bote entfernte sich durch die hintere Stube, holte einen angeschnittenen Schwartenmagen - es war vorher schon in den Wandschrank gelurt worden – und ging damit zum Bichte-Jean. Dort wurde der Schwartenmagen fachmännisch verpackt und wieder in die Krone zurückgetragen. Der Bichte-Jean kam mit und führte sich mit der Bemerkung ein, er habe gehört, daß da eine angenehme Gesellschaft beisammen sei. Zum futtern habe er das Nötige mitgebracht. Dabei packte er etwas Wurst aus. Der enthüllte Schwartenmagen lag schon auf dem Tisch. Der Vetter blieb harmlos. Er bestellte »Teller, Messer und Gabel, Brot, Senf und Gummerncher (kleine Einmachgurken) für die Herre.« Und es begann ein fröhliches Schmausen. Der Vetter in Schlafrock, Mütze und Pantoffeln strich um den Tisch und meinte, der »Schwortemage« sehe sehr appetitlich aus. Fix wurde er zum Mithalten eingeladen. »Dös is sehr lieb von de Herre.« Und ließ sich auch mit Teller und Zubehör versehen. Ja, er zeigte sogar, daß er die Spendierhosen anhatte. Denn er bestellte, was bei ihm äußerste Seltenheit war, eine Extraflasche aus dem Keller aufs Wohl der Herren. Er griff jetzt auch zu. Nach einigen Bissen meinte er: »Hätt' net gedenkt, daß de Bichte-Jean so e Worscht mache könnt'. Die schmeckt akkerat wie mei Hausmacher. Mer wolle mol vergleiche.« Und ging an den Wandschrank im Hinterzimmer und fand ihn – wurstleer. Jetzt prasselte auf die laut lachende und gröhlende Gesellschaft ein furchtbares Donnerwetter nieder: »Ehr schlechte Kerl, stehle mei eje Worscht und lade mich noch zum Mitesse ei. Un ich Esel schwenk en aach noch die Gorjel mir ere Extraflasch. Mit eich Kerl will ich nix mehr zu tu hawe, ehr seid mer werklich zu schlecht.« Jetzt wurde ihm gesagt, daß man ihn nur noch einmal hereingelegt habe, weil er so steif behauptet habe, ein zweitesmal lasse er sich nicht mehr kriegen. Da meinte er, er sage gar nichts mehr. Mit so schlechten Menschen lasse er sich einfach nicht mehr ein. Feindschaft gab es deshalb nicht. Der Vetter wurde sogar wieder zugänglicher, als die Männer am Schluß ihm den verzehrten Schwartenmagen anständig bezahlten. Aber, daß auch dieser Reinfall jetzt die Runde machen werde, wurmte ihn sehr. In der Folgezeit wurde er das Mißtrauen gegen seine Überlister nicht los. Er verhielt sich schweigsam und sorgte dafür, daß das Wandschränkchen immer abgeschlossen war. Und während er menschlichen Überlistern auszuweichen suchte, hat der Tod ihn eines Tages ganz gröblich überlistet und alle seine Vorsicht zu Schanden gemacht. Ich trage sein originelles Bild heute noch in mir, gedenke seiner als eines guten Mannes und bedaure nur, daß Karl Spitzweg ihn nicht eines Tages gesehen hat, wie er mit Schlafrock, Käppchen und langer Pfeife am offenen Fenster seiner Krone dem Marktplatz und Stadthaus gegenüber saß.

17. Ein braver Mann.

Durch die Fürsorge des Bischofs von Ketteler waren an den damals drei Mädchenklassen der katholischen Schule meines Heimatortes Schwestern der Genossenschaft der Göttlichen Vorsehung in Mainz, die Ketteler selbst gegründet hatte, als Lehrerinnen angestellt. Die Schwestern hatten im Mädchenschulhause auch ihre Wohnung. Ich weiß, daß die Schwestern das Vertrauen von Eltern und Kindern in höchstem Maße genossen. Auch lebt mir noch der Tag in der Erinnerung, an dem eine Schwester Stanisla vom Schulhause aus zu Grabe getragen wurde. Nach dem Erlaß des liberalen hessischen Schulgesetzes von 1874 waren Ordensfrauen als Lehrerinnen an öffentlichen Schulen unmöglich. Das Volk knirschte, protestierte. Aber der liberale Gewaltwille siegte. Die Schwestern mußten das Schulhaus verlassen. Wohin sollten sie gehen? Sollten sie auch die Gemeinde verlassen? Ein Haus für sie stand vorläufig nicht zur Verfügung. Da trat ein in jener Zeit noch alleinstehender, vermögender Mann mit hochherziger Hilfe ein. Er kaufte ein schönes, zweistöckiges, frei gelegenes Haus mit großem Garten und einem Nebengebäude, das für die Zwecke der Schwestern wie geschaffen war. Der brave Mann ließ alles auf seine Kosten neu herstellen, und es war für ihn und die ganze Gemeinde ein wirklicher Freudentag, als die Schwestern dort ihren Einzug halten konnten. So ist Johannes Jeckel, damals Gemeinderatsmitglied, später Beigeordneter, der große Wohltäter und Patron der ehemaligen Schulschwestern geworden. Die Schwestern stellten sich um, bauten die ambulante Krankenpflege weiter aus, unterhielten Kleinkinderschule und Nähschule und erteilten auch Privatunterricht. Ich selbst bin von der guten Schwester Theresia in die Anfangsgründe der französischen Sprache eingeführt worden. Aber nicht bloß zur »Stunde« kam ich ins Haus. Ich wurde gerufen, wenn ein Gang zu besorgen war und genoß das volle Vertrauen der kleinen Schwester Augustine. So konnte ich den Garten mit allem, was es nach der Jahreszeit darin gab, durchforschen und im Gartenhäuschen sitzen, das mir als etwas besonders Schönes vorkam, weil auf der Rückwand ein Auge Gottes gemalt war. Damals erlebte ich auch die Beerdigung der in Bensheim verstorbenen Hausoberin, Schwester Gabriele, die in der Gemeinde höchstes Ansehen genoß und allgemein für besonders tüchtig gehalten wurde. Die Leichenrede, die der als Kanzelredner hervorragende Pfarrer Heinrich Weber in der Pfarrkirche im Anschluß an II. Tim. 4, 7-8 hielt, wurde für mich Buben ein Erlebnis. Nie habe ich mehr den Text vergessen, den ich damals zum erstenmale hörte: »Ich habe den guten Kampf gekämpft, den Lauf vollendet, den Glauben bewahrt. Nun liegt mir die Krone der Gerechtigkeit bereit, die mir der Herr als gerechter Richter an jenem Tage verleihen wird, und nicht bloß mir, sondern allen, die seine Erscheinung begrüßen.« Ganz gewiß habe ich damals das Paulinische Bekenntnis nicht in seinem vollen Inhalt erfaßt, aber daß etwas Großes, Richtunggebendes fürs Leben darin lag, ist mir zum Bewußtsein gekommen und auch im Bewußtsein geblieben. Im Garten der Schwestern sah ich mitunter auch ihren Wohltäter, Herrn Johannes Jeckel, der etwa alle vierzehn Tage einmal kam, um zu sehen, wie es seinen Schützlingen gehe. Ich habe dadurch eine große Hochachtung vor dem selbstlosen Manne gewonnen, der für die Schwestern ohne mit der Wimper zu zucken, so große finanzielle Opfer brachte und immer zu weiteren Opfern bereit war. In der Kulturkampfzeit tagte im Oberstock seines geräumigen Wohnhauses das katholische Kasino, das jeden Sonntagnachmittag eine größere Anzahl bewußt katholischer Männer dort zusammenführte. Um die Geistlichen scharrten sich da die Lehrer, die Mitglieder des Gemeinderates und Kirchenvorstandes, sowie eine Anzahl anderer Männer, die sich für die ernste Zeit und ihre Kämpfe interessierten. Nie wäre es Herrn Jeckel eingefallen, auch nur einen Pfennig Vergütung für seine Aufwendungen zu verlangen. Einmal ist uns Schulbuben das Kasino im Hause Jeckel zum Verhängnis geworden. Die Oberfelder Buben und die Rheinischen Buben führten oft mit allerlei selbstverfertigten Holzwaffen und in spielmäßiger Ausrüstung durch Helm und Brustharnisch, wie sie der alte Stern zu Weihnachten verkaufte, Krieg gegeneinander. Fast jeden Sonntagnachmittag veranstalteten die feindlichen Truppen ihre Übungen, ohne daß sie jedesmal aufeinanderstießen. An einem Sonntag aber wollte es das Geschick, daß sie sich in unmittelbarer Nähe des Kasinos vor dem protestantischen Pfarrhaus stellten. Es gab viel Geschrei und eine regelrechte Keilerei, die alle Mitglieder des Kasinos an die Fenster zog. Der Kaplan und der Kantor Heyder eilten rasch herbei, und ihr Anblick schon genügte, um die feindlichen Brüder nach allen Richtungen auseinanderstieben zu lassen. Das Schlimmste kam dann am Montagfrüh in der Schule. Eine gründliche Untersuchung und eine ebenso gründliche pädagogische Behandlung mit ungebrannter Holzasche dämpfte für längere Zeit den Kampfeseifer von uns Buben.

Dem Kasino aber gingen wir in Zukunft scheu aus dem Wege. Ob wir auch dem Herrn Jeckel grollten, weil er das Kasino in sein Haus aufgenommen hatte? Ich weiß es nicht, aber das weiß ich, daß meine Hochachtung vor dem braven Manne, der soviel für die katholische Gemeinde tat, immer mehr gewachsen ist, auch als später die Stadt selbst ein freigewordenes Schulhaus unmittelbar bei der Kirche den Schwestern zur Verfügung stellte. Dort wohnen sie heute noch, und die schöne Barockfigur des hl. Joseph über der Eingangstüre hat dem Hause den Namen gegeben. Johannes Jeckel aber, der brave Mann, ist längst in der Ewigkeit. Wenn ich einmal an seinem Grabe vorübergehe, da mache ich halt und sende ihm ein Vaterunser in die Ewigkeit nach, weil er als vermögender Mann das große Geheimnis von der Armut im Geiste erfaßt und von seinem Gelde zum Wohle der katholischen Gemeinde einen so guten Gebrauch gemacht hat. Auch die Armen konnten davon erzählen. »Selig sind die Barmherzigen denn sie werden Barmherzigkeit erlangen!«

Es gibt Gestalten, die schon in frühester Jugend auf unsere Seele einen sehr starken Eindruck machen. Johannes Jeckel hat mich immer angezogen, obschon er ein Mann und ich ein Bub war. Woran lag das? Einmal daran, daß er nicht ein Mann war, wie all die anderen, die einem in jeder Gasse begegneten oder an jeder Straßenecke einen Bären aufzubinden suchten. Dann auch daran, daß er, wie ich damals meinte, immer in Sonntagskleidern ging, nicht rauchte und in keinem Wirtshaus saß. Dagegen ging er jeden Tag in die hl. Messe, und andre, denen der Wille dazu fehlte, meinten, der Herr Jeckel habe dazu auch die nötige Zeit. Nun, die hat er auch gehabt, weil er keinem besonderen Berufe diente, seine Zeit aber in den Dienst der bürgerlichen und der kirchlichen Gemeinde stellte. Sonst lebte er, wegen geschwächter Gesundheit, ganz zurückgezogen in seinem großen Hause mit dem schönen Garten dahinter. Aber ich glaube nicht, daß der für die damaligen Verhältnisse reiche Mann Neider oder gar Feinde gehabt hätte. Dazu lag zu offen zutage, daß er sich nur als Gott verantwortlichen Verwalter seines Vermögens fühlte und es jederzeit in zweckdienlicher Weise in den Dienst seiner Mitbürger stellte. Allein die hochherzige rasche Fürsorge für die aus dem Schulhause vertriebenen Schulschwestern machte ihn mit einem Schlage ganz volkstümlich, so wenig seine zurückhaltende Art ihn sonst auf die Wege zur Volkstümlichkeit stellte. Wieder floß also hier die Hochachtung des Volkes vor einem Manne aus seiner religiösen Lebenskraft, die ihn mit seinem Vermögen Opfer für seine Mitbürger und Glaubensbrüder bringen ließ. Weil Gott das Herz durchwärmte, ist auch der reiche Mann in seinem Reichtum nicht ersoffen und nicht erstickt, sondern der Verantwortlichkeit, die Gott mit dem Reichtum auferlegt, bewußt geblieben. Das erklärt schließlich alles und war der beste Geleitbrief zu dem, der gesagt hatte: »Ihr könnt nicht Gott dienen und dem Mammon« (Mtth. 6, 24).

Wenn ich den »reichen Mann«, den Johannes Jeckel, dem »armen Mann«, dem Fischer-Henrich (Nr. 9), gegenüberstelle, dann wird mir die erste der acht Seligkeiten immer leichter begreiflich. »Selig sind die Armen im Geiste, denn ihrer ist das Himmelreich.« Der reiche Mann ist in seinem Reichtum nicht ersoffen, der arme Mann ist an seiner Armut nicht erstickt, weil ihr Herz nicht an den Gütern der Erde hing. Aber der erste wußte, daß er mit seinem Überflusse den Armen dienen müsse, der zweite vertraute, daß er nicht hängen blieb, wenn die Not recht groß werden wollte. Bei Menschen, bei Christen, deren Seelen von Gott durchwärmt werden, ist das so natürlich. Extreme Kapitalisten und verbissene Proletarier stehen nicht auf der vom Christentum gezogenen Linie.

18. Drei Bürger, tägliche Besucher der Einsiedlerkapelle

Drei Männer sah ich als Junge täglich. Und immer waren sie auf dem Weg nach der alten Wallfahrtskapelle Maria Einsiedel.

Der erste, Herr Michael Eisenhauer, gehörte der wirtschaftlichen Oberschicht an. Er war wohl der größte und reichste Landwirt des Ortes gewesen, hatte aber die Landwirtschaft längst seinem einzigen Sohne übergeben und kümmerte sich auch kaum mehr darum. In seinem Hause bewohnte er zwei Zimmer ebener Erde, direkt neben dem großen Straßenkreuz, an dem bei den zahlreichen Prozessionen jedesmal der Segen gegeben wurde. An den Fenstern, die gewölbte Scheiben aufwiesen, duldete der alte Herr keine Vorhänge. Abends schloß er die Außenläden. Seine Wohnung verließ er kaum in anderer Absicht, als in die Kirche, auf den Friedhof oder nach Maria Einsiedel zu gehen. Immer war er da in tadellos sauberer, dunkler Kleidung. Mit den Leuten gesprochen hat er kaum. Er schien sich, in allem frommen Sinnes, bewußt auf die Ewigkeit vorzubereiten. Als später sein Sohn in tragischer Verkennung der Verhältnisse die heimatliche Landwirtschaft aufgab und den Weiberhof in der Nähe Aschaffenburgs kaufte, da blieb der Vater der Heimat treu. In ihr ist er denn auch gestorben. Vorläufig aber pilgerte er Tag für Tag nach Maria Einsiedel. Immer auf die Minute pünktlich zur selben Zeit, immer an bestimmtem Ort mit dem einen und dann mit dem anderen Genossen seines Wallfahrtsganges zusammenstoßend. Wer war der eine, wer der andere? Zunächst waren beide Schuhmacher, auch schon in vorgerückten Jahren, vom Geschäft nicht übermäßig beansprucht, aber auch nicht müßig. Der eine war der Schmitte-Jean, wie er allgemein genannt wurde, ein Junggeselle, ganz der Frömmigkeit ergeben. Mir war manches an seiner Gebetspraxis und seiner Frömmigkeit nicht in alleweg sympathisch, aber deshalb möchte ich ihn nicht kritisierten. Der Schmitte-Jean hat es durchaus ehrlich gemeint und ganz wahrhaftig genommen. Sein Gebetsleben war eben so, wie er es zu pflegen verstand, und wenn dabei gewisse Absonderlichkeiten zutage traten, so schienen sie mir heute mit dem Ringen seiner Seele um wahre Andacht zusammengehangen zu haben. Andere Absonderlichkeiten des Schmitte-Jean gingen zweifellos aus seinem Junggesellentum hervor, das einem aus allen Ecken und Enden seiner Klause entgegensprang und mitunter zum Lachen reizte. Viele Leute haben viel auf den Schmitte-Jean gehalten und sich in sein Gebet empfohlen. Daß der alte, gemessene, schweigende Herr Eisenhauer täglich den etwas kuriosen Schmitte-Jean ertrug, spricht für Eisenhauers ehrlich fromme Gesinnung. Der andere Schuster war der Kempe-Joseph, ein Familienvater, der auf dem Wege sein Pfeifchen rauchte, bis das gemeinsame Beten anfing. Er gab sich vielleicht von den dreien am allernatürlichsten, fügte sich treu ganz in die zwei anderen hinein. Eine Zeitlang hatte auch ein vierter den dreien sich beigesellt. Doch der scheint nicht echt gewesen zu sein. Denn er hielt nicht aus.

Waren die drei zusammengekommen und hatten sich begrüßt, dann beherrschte der Schmitte-Jean wohl eine Zeit die Unterhaltung, die aber sicher nicht auf Kosten anderer Leute ging. Auf dem Einsiedlerpfad eingebogen, begannen sie bei der Muttergottes-Säule mit gemeinsamem Gebet. Vorbeter war hier und in der Kapelle in fast ausnahmsloser Regel der Schmitte-Jean.

In der Kapelle selbst und zwar auf der Empore begann der Schmitte-Jean unbekümmert um andere Anwesende, den Rosenkranz laut vorzubeten. Alles antwortete. Ich war auch in meinen Gymnasialferien oft unten in der Kapelle dabei. Rosenkranz und Lauretanische Litanei ließ man sich gerne gefallen. Denn daran war man gewöhnt. Aber der Schmitte-Jean hängte noch eine lange Reihe anderer Gebete daran, die nur er und seine zwei Gefährten genau kannten. Diese Gebete dauerten oft länger als Rosenkranz und Litanei. Da ging ich in der Regel durch. Waren die drei endlich mit ihrer Andacht fertig, dann kehrten sie gemeinsam bald auf diesem, bald auf jenem Wege gegen Abend in das Städtchen zurück, um sich am nächsten Tage wieder zu gleichem löblichen Tun zusammenzufinden. Sonst sah man sie kaum jemals beieinander. So hielten es die drei Männer jahrelang, und als der erste herausstarb, hatten die zwei anderen noch extra für den verstorbenen Gefährten zu beten, und der letzte hielt treu die Tageswacht bei der Wallfahrtskapelle, bis auch er von der »Mutter der Gnaden« heimgeholt wurde und drüben das schaute, worauf er hier mit unüberwindlichem Glauben vertraut hatte.

Diejenigen, die es mit dem Beten nicht so ernst nahmen, haben viel an den drei Männern, namentlich am Schmitte-Jean, herumgemäkelt. Betbrüder sind leicht konstruiert, und werden ebenso leicht und billig verspottet und verhöhnt. Aber die es tun, gehen von Kleinigkeiten und Eigenarten aus, die mit dem Wesen der Frömmigkeit nicht zusammenhängen, sondern menschlicher Unzulänglichkeit und Gebrechlichkeit entspringen. Die Frömmigkeit der drei Männer war im Kern durchaus gesund, wirkte sich auch im Leben ganz folgerichtig aus. Und das Beispiel der drei hat immer viele zur Mutter Gottes in Maria Einsiedel gezogen. Nach ihrem Hinsterben gingen bald lange nicht mehr soviele Leute werktags nach Maria Einsiedel, wie in jenen Tagen, da das Beispiel der drei den Leuten täglich vor Augen gestanden hatte. Als es darum vor einiger Zeit gelang, bei der Wallfahrtskapelle ein kleines Kapuzinerhospiz zu errichten, da habe ich in einer Sylvesterpredigt die drei längst Verstorbenen gleichsam wieder lebendig gemacht und den zahlreichen Zuhörern als Vorbild und Beispiel der Liebe zu Maria Einsiedel vor die Seele geführt. Die drei bescheidenen Paladine der Gottesmutter im ausgehenden neunzehnten Jahrhundert sind mir verehrungswürdig, und wenn es mir nachginge müßte ihr Bild im kleinen Kloster hängen, das sie, von Gedanken und Wünschen des seligen Bischofs Ketteler berührt, mit heißer Sehnsucht ersehnten, ohne es sehen zu dürfen. Der Nachwelt ist eine der reifen Früchte ihres Betens unter veränderten Verhältnissen wie von selbst zugefallen. Und ich habe Grund zu hoffen, daß sie Wohltäter des Städtchens geworden sind, weil sie, wie Jeremias, viel für das Volk und alle beteten, die das Beten verlernt hatten.

Daß die drei Männer, frommen Herzens wie sie waren, täglich nach Maria Einsiedel gingen, war eine einzig dastehende Erscheinung. Aber viele Leute gingen doch mehrmals die Woche hinaus, und wenn morgens in der Früh die sogenannte Einsiedler-Glocke verkündete, daß draußen hl. Messe sei, da machten sich doch in G. und K. R. recht viele auf den Weg. Im Frühjahr und Sommer, wenn die Sonne im Osten aufstieg, war es jederzeit ein Genuß, in der frischen Morgenstunde den bequemen Einsiedlerweg zu gehen, hier die Muttergottes auf hoher Säule, dort im sogenannten Fieberkapellchen und weiter in der kleinen Lourdeskapelle zu grüßen und schließlich in das kleine Heiligtum einzutreten, das von alten Linden umstanden ist. Eine Zeitlang wollte es allerdings scheinen, als ob die Gene-

ration der häufigen Einsiedelpilger allmählich absterbe, obschon Pfarrer Blum selbst so oft morgens in aller Frühe hinausging, um dort die hl. Messe zu lesen. Pfarrer Blum hat ungeheuer viel für Maria Einsiedel getan und mit jeder Faser seines Herzens an dem alten Heiligtum gehangen. Um so höher mußte ich es ihm anrechnen, daß er ganz selbstlos auf Maria Einsiedel verzichten, als der alte Plan der Kapuzinerniederlassung, man kann sagen, nach Jahrhunderten endlich verwirklicht werden konnte. Und wir tragen jetzt, nachdem bereits Jahre hinter der Klostereröffnung liegen, die feste Zuversicht im Herzen, daß es den Vätern des Kapuzinerordens mit Gottes Hilfe gelingt, das alte Heiligtum zu einer großen Wallfahrtszentrale für Starkenburg, einen Teil von Rheinhessen und das unterbadische Land auszubauen, ähnlich wie Marienthal im Rheingau eine solche für die weite Umgebung geworden ist. Das braucht Zeit, aber das Einsiedler-Trio im Himmel wird Gott und die liebe Gottesmutter solange bestürmen, bis der Weg der Mutter der Gnaden das ganze Jahr über von frommen Wallern begangen wird.

19. Ein Pfarrer und vier Lehrer.

Der Pfarrer war Heinrich Philipp Weber, älterer Bruder des durch seine klassischen Aufführungen bekannt gewordenen Mainzer Domkapellmeisters Georg Viktor Weber. In der Natur der beiden Weber lag tiefer Ernst. Doch paarte sich dieser Ernst bei beiden mit großer Güte. Lächeln freundlichster Art war ihnen geläufig, lachen, laut und auffällig, habe ich sie nie sehen. Der Pfarrer war schon mit fünfzig Lebensjahren ein von der Gicht schwer geplagter Mann, arbeitete aber trotzdem unermüdlich. Da ich die Post zwischen ihm und dem Kirchenrechner trug, kam ich wöchentlich mehrmals auf sein Zimmer, wo er in der Nähe des Ofens an einem runden Tisch saß, der mit einem Wachstuch belegt war. An diesem Tisch erledigte er alle schriftlichen Arbeiten. Dort begann er schon am Montag-Vormittag seine Predigt für den kommenden Sonntag niederzuschreiben. Und seine Predigten waren Meisterwerke in der Logik und Klarheit ihres Aufbaus und durch Überzeugungskraft und Wärme im Vortrag. Ich konnte seine Predigten vorzüglich gut behalten und habe sie als Zwölfjähriger schon Erstkommunikanten in die Feder diktiert: Denn darauf hielt er, daß seine Erstkommunikanten seine Predigt niederschrieben so gut sie konnten. Nur im Erstkommunionsunterricht war er mein Religionslehrer. Daß er ein vorzüglicher Katechet gewesen sein muß, schließe ich aus den tiefen Eindrücken, die ich im Erstkommunionsunterricht Webers empfangen und als dauernden Besitz durchs Leben getragen habe. Der vorzügliche Religionslehrer in Weber erklärt sich zum Teil wenigstens daraus, daß er früher Lehrer gewesen war. Er hatte das katholische Schullehrerseminar in Bensheim besucht und wirkte nach Ablegung der Prüfungen als Lehrer am früheren Schwarz'schen Institut in Mainz. Dort fand der fromme und strebsame junge Mann Gelegenheit, nach sorgfältiger Vorbereitung das Gymnasialmaturum abzulegen. Er studierte Theologie, wurde Priester und dürfte in meinem dritten Lebensjahre auf seiner letzten Pfarrstelle in meiner Heimatgemeinde aufgezogen sein. Die vier Knabenklassen der katholischen Schule wurden von vier Lehrern betreut, die Pfarrer Weber nicht fremd waren. Denn sie hatten mit ihm das Bensheimer Seminar besucht. Der Lehrer der zwei letzten Jahrgänge war Peter Schramm, ein kleiner, schon lange verwitweter Mann, der von den vieren das höchste Alter erreichte. Er ragte in allem durch peinlich genaue Pflichterfüllung hervor, so daß für ihn ein Schulinspektor eine überflüssige Instanz war. Denn Schramm brauchte keine Überwachung, er lenkte sich selbst von innen heraus und fühlte sich für seine Arbeit einem Höheren verantwortlich, als ein Schulrat es sein konnte. Dabei war er von friedlichster Gesinnung und vornehmen Takt. Der Lehrer des 5. und 6. Schuljahres war Paul Nuß, in allem ein Original von stärkster Prägung. Er verdient als Original eine eigene Würdigung und soll sie erhalten. Der dritte, der das 3. und 4. Schuljahr führte, hieß Adolf Demel. Er war an sich ein guter, wohlmeinender Mann, aber doch der Schwächste unter den vieren. Sorgen scheinen ihn gedrückt zu haben, und in der Auswahl von Sorgenbrechern war er nicht glücklich. Es war mir und anderen darum doch angenehm, als die zwei Jahre bei ihm überstanden waren, in denen wenig gewonnen und vieles verloren wurde, was der Elementarlehrer Heinrich Heyder, den ganz Kleinen an Schulzucht mit unendlicher Geduld langsam angewöhnt hatte. Heyder war ein großer, starker Mann, immer dunkel gekleidet, bartlos, und von rührender Aufopferung im kirchlichen Dienst. Alle Welt nannte ihn den Herrn Kantor. Dieser Titel, den er von seinem Vorgänger, dem auch durch kirchenmusikalische Kompositionen bekannt gewordenen Kantor Würth übernommen hatte, war ihm besonders lieb und wert. Er pflegte seinem Namen die Bezeichnung: Lehrer und Kantor beizufügen. Irgendwo und irgendwie - auf Genaueres entsinne ich mich nicht mehr - ist mir einmal ein Verzeichnis von Teilnehmern an einem Orgelkurs in die Hände gefallen, in das Heyder sich auch als Heinrich Heyder, Lehrer und Kantor in G. eingetragen hatte. Liberale und liberalisierende Lehrer machten dazu spöttische Bleistiftbemerkungen, was aber den guten Heyder nur zur stärkeren Betonung seines Kantor veranlaßte.

Er war dieses kirchlichen Titels würdig, durch die ganze Art, wie er seinen Organistendienst auffaßte und versah. Meistens hat er an jedem Morgen zwei Ämter gespielt, und ich könnte mich nicht erinnern, daß er je einmal versagt hätte, oder auch nur merklich zu spät gekommen wäre. Alle Leichen von Erwachsenen begleitete er als Leiter des Gesanges und Führer der Schulkinder zu Grabe, immer im schwarzen Galaanzug und Zylinder.

Dafür bezog er 7 Kreuzer, das sind 21 Pfennige. Eines Tages erklärte Pfarrer Weber, er werde jetzt für die Leichenbegleitung 1 Mark einstellen, da der Kantor ja mehr an Kleidern und Schuhen verbraucht, als er erhalte. Ganz verdutzt erwiderte Heyder: »Das ist ja sehr lieb. Aber man soll nichts übertreiben. Fünfzig Pfennige dürften auch genug sein.« Man suche sich noch einen, der so denkt und spricht! In gegenwärtiger Zeit zumal! Verstanden und gewürdigt wurde diese Selbstlosigkeit nicht. Gelegentlich mußte sich der Kantor doch den Buckel vollschimpfen lassen. Einmal mußte am Sonntagnachmittag ein Schulbube begraben werden. Es herrschte gerade eine tropische Hitze, die sich lähmend auf Mensch, Tier und Natur legte. Die Mutter des verstorbenen Jungen wohnte in einem neuen Viertel. Vom Sterbehause konnte der Friedhof auf einem geraden Fahrwege in wenigen Minuten erreicht werden. Ordnungs- und traditionsmäßig aber mußte der Kirchweg eingehalten werden, der in diesem Falle zum wenigsten einen Umweg von einer Viertelstunde bedeutete. Der Hitze wegen beging der Kantor die Sünde gegen die Tradition und ließ, sicher nach Befragen des amtierenden Geistlichen, die Leiche direkt auf dem Fahrwege zum Friedhofe tragen. Darüber wurde am gleichen Tage in allen Wirtshäusern furchtbar krakeelt und spektakuliert. Sicher von solchen, die sich nie dazu verstanden hätten, bei der unerträglichen Hitze der Leiche das Geleite zu geben. Und man schob diesem Bruch der Tradition noch unlautere Motive unter. Der Kantor habe das nur gewagt, weil es sich um ein uneheliches Kind gehandelt habe. Bei einem »Vornehmen« wäre der Kirchenweg ganz gewiß auch bei noch größerer Hitze eingehalten worden. Der Sturm ging vorüber, aber dem Kantor hat es sicher weh getan, daß man ihn so behandelte. Wenn die Sommerferien kamen, bat der Kantor mitunter den Pfarrer, daß für Tage keine gestifteten Ämter gehalten würden. Da ging er gerne nach Mainz zu einem Neffen, der Pfarrer an St. Peter war. Allein seine Bedingung war: Von einem Sterbefall wird er durch seine Familie benachrichtigt. Da fährt er heim, womöglich mit dem Dampfer, hält die

Leichenbegleitung, spielt am nächsten Morgen zwei Seelenämter und fährt dann wieder nach Mainz zurück. Welche Gesinnung treibt zu einer solchen Dienstauffassung? Der Pfarrer hielt natürlich einen solchen Organisten in hohen Ehren, und zwischen beiden herrschte ein auf innerer Wertschätzung beruhender fester Friede. Allein auch zwischen den anderen Lehrern und dem Pfarrer war Friede und Freundschaft. Man konnte fragen: Ist das vorteilhaft, daß Pfarrer und Lehrer sich von gemeinsamer Schulbank her so genau kennen, daß sie auf Du miteinanderstehen? Die Frage ist nicht unberechtigt. Hier wurde die Frage praktisch dahin beantwortet: Die rechten Leute wissen das rechte Verhältnis zu wahren. Hier war auch Distanz, aber die Distanz war von Wärme und Hochschätzung erfüllt, hier war auf beiden Seiten der entschiedene Wille, in Frieden und Freundschaft zu bleiben, dadurch persönlich glücklich zu sein und die gemeinsame Aufgabe durch Ziehen an einem Strang zu fördern. Die fünf, der eine Pfarrer und die vier Lehrer, waren durch Geistesgemeinschaft auf gemeinschaftlichem Arbeitsfelde verbunden und blieben es, bis an ihr Ende. Darum standen auch damals die Schulen so hoch, darum waren die vier Lehrer trotz damals sehr geringer Besoldung hochgeachtet, und in der Achtung des Volkes kam der Oberamtsrichter und der Oberförster nicht an sie heran. Der Fall, der erzählt wurde, mag ein ganz singulärer gewesen sein, ein ganz glücklicher mit segensvollen Wirkungen war er auf jeden Fall. Ist so etwas, wie der Pfarrer und die vier Lehrer, wert aufgeschrieben zu werden, damit es der Vergessenheit entrissen wird?

20. Ein Lehreroriginal

Das Lehreroriginal hieß Paul Nuß, war sehr lange in Gernsheim tätig und starb als der erste von den vieren schon 1883. Denkt euch: Ein ziemlich großer, starker, beleibter Mann mit einem runden Gesicht, noch dunklen kurzen Haaren, kleinem Wangenbart, Kotelett genannt. Und dieser Mann trug fast immer einen hechtgrauen Taschenrock und hielt die Hände über dem Rücken zusammengelegt. So stand er am offenen Fenster seiner Wohnung im Schöfferschulhause und hielt gerne mit den paar Leuten, die am Brunnen vor dem Fenster Wasser holten, Zwiesprach. So pilgerte er auch langsam und bedächtig durch die Straßen des Städtchens, und der Hechtgraue war charakteristisch für seine äußere Erscheinung. Im Hause Nuß wurde ich näher bekannt, als ich zum Herrn Lehrer Nuß in die Schule kam. Da begann mein Dienst als Mittelsperson, besser gesagt, als Laufbursche zwischen dem Pfarrer und dem Lehrer in seiner Eigenschaft als Kirchenrechner. Einmal hat mir das eine recht schwere Stunde gebracht. Ich hatte vom Pfarrer allerlei Schriftstücke von der Behörde empfangen, um sie dem Lehrer zuzustellen. Da gerade Hochwasser war, lief ich an den Pegel der Winkelbachbrücke, um den Wasserstand einzusehen, weil der Lehrer gewöhnlich danach fragte. Da entfielen mir meine Papiere und segelten in toller Fahrt den Winkelbach hinunter. Während ich schrie und fortlief, band ein Schiffer seinen Kahn los und fing die Flüchtlinge wieder ein. Ein Mitschüler lief nach und brachte sie, während ich stammelnd und weinend vor dem Lehrer stand. Der machte es jetzt gnädig, und die gütige, verständige Frau Agnes Nuß trocknete die Durchwässerten sorgsam an ihrem Herd. So traten weiter keine diplomatischen Folgen ein. Im Schöfferschulhause wohnten noch zwei weitere Lehrerfamilien. Die Männer vertrugen sich vorzüglich und die Frauen im allgemeinen auch. Aber Mitunter kam es hier doch zu Meinungsverschiedenheiten, die den

Männern nicht verborgen bleiben konnten. Nuß haßte den Streit. War also zwischen den weiblichen Hausbewohnern etwas dicke Luft, dann ließ Nuß bei Schluß des Unterrichts wohl einen Tisch und drei Stühle in den Hof

tragen und verabredete mit den Kollegen ein Spielchen.

»Das«, so meinte er, »hat seine gute Wirkung auf die drinnen und bringt ihr Blut wieder zur Ruhe«. Sonst ging er wohl nach Schluß des Nachmittagsunterrichtes in seinen Hausgarten zu dieser oder jener leichten Hausarbeit, oder er machte ein ganz kleines Gängelchen. In einem Wirtshause ist er außer bei Konferenzen meines Wissens nicht gesehen worden. Er konnte sich seinen Trunk zu Hause leisten. Als geborener Ober-Olmer liebte er sein Glas Wein. Und das nahm er, wenn er sich nachmittags mit der langen Pfeife zur Ruhe auf sein Sofa gelegt hatte. Ganz aus sich brachte die gute Frau Agnes Flasche und Glas, und der Lehrer stellte sich beides möglichst grifflich. Die Flasche dürfte schon leer geworden sein, während er da auf dem Sofa nicht schlief, sondern den Unterricht für den kommenden Tag überdachte. Es lagen da auch ein paar Bücher und Büchlein in Griffweite. Einmal war es allmählich düster geworden, und ich hörte ihn mit lauter Stimme rufen: »Agnes, bring' die Lamp' erei, ich finn mei Maul nimmeh«. Da lachte die Frau Agnes, trug eine Stehlampe hinein, und jetzt lachten sie beide und sprachen wohl eine Zeitlang von ihren zwei Buben auf der Universität, die »heidenmäßiges« Geld kosteten und Jura studierten. »Weißt du«, sagte er eines Tages zu mir, »ich laß meine Buben Advokaten werden, damit ich meine Prozesse gewinne.« Dabei wäre der große Liebhaber innerer und äußerer Ruhe der letzte gewesen, der sich in die Unruhe eines Prozesses gestürzt hätte. Aufgefallen ist mir immer, wie lieb und freundlich der Mann in der schulfreien Zeit in seinem Hause gewesen ist. Er war mit Heyder der gütigste unter den Lehrern und hat uns am Sylvesterabend immer ein kleines Gegengeschenk gemacht, wenn wir die übliche Sylvesterbretzel brachten mit Wünschen und Dank der Eltern für alles, was der Herr Lehrer uns im letzten Jahre Gutes getan habe. Morgens zog er früh aus, um im unvermeidlichen Hechtgrauen die heilige Messe zu besuchen. Wenn er die Kirche betreten hatte, setzte er sich zuerst auf den Opferstock am Eingang und ruhte ein wenig aus. Zum Dank, daß der

Opferstock ihm als Ruheplatz gedient hatte, warf er zwei Pfennige hinein, die er in ausnahmsloser Regel der Westentasche entnahm. Dann erst ging er auf seinen Platz, wo er sehr umständlich das Schloß an der äußeren Barriere aufschloß. Diese Barriere sollte ihn, wie schon in Nr. 2 erzählt wurde, gegen den Borjer Philipp schützen, der Sonntags seither als unmittelbarer Nachbar den Lehrer durch seinen wunderbaren Gesang in Extase versetzt hatte. Ich glaube Nuß war auf seinen Sieg über den Borjer Philipp stolz, ich habe diesen Sieg bedauert, weil mir der Philipp durch die aufgezwungene Verdammung noch ärmer geworden schien, als er ohnedies war. Gewöhnlich war Nuß in der Kirche allein in seinem Stallum, das für noch einen zweiten von seinem Umfang Platz bot. In der Regel ließ er sich auch durch keine Unruhe der Buben verleiten, seinen Platz zu verlassen. Er schien keine Aufsicht zu führen, aber er führte sie recht gründlich. Das merkte ein Unruhiger und Übeltäter Montags in der Schule, wo sich herausstellte, daß der Lehrer alles gesehen und sich gemerkt hatte und keineswegs gewillt war, es ungestraft hingehen zu lassen. So sorgte er für Ordnung und Ruhe der Buben in der Kirche, ohne daß es äußerlich zu Tage trat. Wenn dann am »Gründonnerstag« die Orgel nach dem Gloria stillgelegt war, dann schlug auch der Kantor für zwei Tage sein Kirchenquartier im »Stallum« des Kollegen Nuß auf. Der würdige Herr kam mit dröhnenden Schritten den Kirchengang heraufgeschritten und ehe er ihn sah, gab Nuß schon den Durchmarsch frei, da er für sich den Eckplatz behauptete. Nuß hatte gewiß an sich nichts gegen die zweitägige, in der Liturgie wohlbegründete Einquartierung zu erinnern. Aber mit der pädagogischen Praxis Heyders war er nicht einverstanden. Heyder sah mit Argusaugen zu, liebte es, den Sünder »in flagranti« zu ertappen und in schnellgerichtlichem Verfahren abzuurteilen. Das störte Nuß gewaltig, weil er jedesmal den Durchgang frei machen mußte. Die Buben richteten sich auch auf Heyders Praxis ein. Wenn einer eine Ohrfeige erhielt, fiel aus Solidarität die halbe Bank gleich mit um. Das gab Geräusch und Störung, und es war nicht ganz unbegründet, wenn Nuß eines Tages ganz laut sagte: »Heyder, der Herr Parre werd a fro sei, wenn De wieder auf Deim Orjelbock sitzest. Du machst in dene zwa Tag meh Uhbohre (Ungebührliches), wie die Buwe im ganze Johr«. Was aber Heyder dem jovialen Kollegen nicht weiter übel nahm, da er seinen Pappenheimer kannte. Ging der Lehrer Nuß von der Kirche nach Hause, da gab es zuweilen Gelegenheit, einen mit der Pacht rückständigen Bebauer von Kirchenäckern zu mahnen. »Hannes«, so rief er einem wohl zu, »es wär doch Zeit, daß De mich wieder emol besuche tätst!« »Ja, Herr Lehrer«, gab der Hannes zurück, »de Sunntag kumm ich« »Ja, aber wellen Sunntag, Hannes?« »De nächste, Herr Lehrer, de nächste!« Der Herr Lehrer wird wohl trotzdem oft lange haben warten müssen, bis dieser »nächste« Sonntag kam. Aber schließlich brachte er die Sache doch friedlich in Ordnung. Kam der Lehrer vom Gottesdienst wieder ins Schulhaus, dann mußte er sich, wie er sagte, gleich wieder ärgern. Lehrer Schramms Gänse nahmen verbotenerweise frühmorgens zum Weidegang ihren Weg mitten durchs Schulhaus und ließen mitunter sichtbare Spuren ihres Durchganges zurück.

Diese Spuren entfachten den hellen Zorn des alten Herrn über »die verteufelten Gänse des Schramm«, denen alles Anstands- und Reinlichkeitsgefühl abgehe. Er hat sich ja anders ausgedrückt, als euphemistisch hier niedergeschrieben ist und jedesmal beigefügt, es sei kaum zu begreifen, daß er sich wegen der Gänse des Schramms die Schwindsucht noch nicht an den Hals geärgert habe. Selbst dem Bischof Ketteler gegenüber, der einmal direkt hinter ihm das Schulhaus betrat, machte er in seiner Weise seinem gepreßten Herzen Luft und fügte bei, wenn er sie fangen könne, die »verdeiwelte Gäns« würde er allen den Hals umdrehen. Wenn er so wetterte, zogen die Damen Schramm es vor, unsichtbar zu bleiben. Sie wußten aber auch, daß aller Groll in der Schule vergessen wurde. Auch der Unterricht des Vaters Nuß war originell. Die Methoden waren, wie ich später als Lehrer der Methodik feststellen konnte, veraltet. Aber er wußte die veralteten Methoden nach seiner Eigenart zu benutzen, und ich bezeuge, daß sein Unterricht nicht unfruchtbar war. Also das Schulgebet war gesprochen. Nuß holte sich aus der Schublade seines Tisches die »Platsch«, ein ellenartiges, aber breiteres Holz, daß er sich von einem Schreiner nach eigenen Angaben mit Handgriff anfertigen ließ. Mit dieser »Platsch«· teilte er die »Plages« (plagas, Schläge) aus. Aber er war damit sparsam. Ein sogenannter Prügelpädagoge war er nicht. Vielleicht fürchtete er sogar Ärger und Anstrengung. Wenn aber einer einer Lüge überführt war, konnte ihn kein Mensch von den »Plages« retten. Mit seiner »Platsch« ließ sich der Lehrer in dem alten soliden Lehrersessel nieder, wie man ihn heute noch in alten Schulstuben finden kann. Ich weiß nicht, ob man den Lehrern, für die neues Inventar beschafft werden muß, heute noch Sessel zur Verfügung stellt. Ich glaube, man würde darin einen Anreiz zur Gemütlichkeit sehen, die beim modernen Unterricht keinen Platz mehr haben soll. Da ist alles eher auf Hast und Hatz eingestellt. Da lobe ich mir die alte Zeit, die der menschlichen Gebrechlichkeit Raum ließ und den Lehrern kunstlose aber solide und brauchbare Sessel zuerkannte. Ich könnte mir den alten Herrn Nuß gar nicht anders als in seinem Sessel denken. Wir Buben waren übrigens froh, daß er nicht zu nahe an uns herankam, damit wir nicht »genußt« wurden, d. h. mit seinem Fingerknochen einen Anklopfer auf unserem Kopfe verspürten. Für das Durchsehen der Schiefertafeln und Hefte hatte er aus den besten Schülern sich Helfer herausgebildet, die jedesmal, wenn sie auf auffallende Fehler stießen, zum Lehrer herauskommen und sie ihm zeigen mußten. Der Delinquent wurde dann auch herbeikommandiert, um die nötige fachliche Belehrung entgegenzunehmen. Gestraft hat er bei dieser Gelegenheit kaum, und wenn »genußt« wurde, bekam der Helfer einen Teil davon ab, obschon er doch in der Regel nicht einmal sekundär schuldig war. Erzählt und katechesiert hat er natürlich auch auf seine Weise. Ob darum schlechter? Eine Katechese, die mir ob ihrer pyramidalen Originalität unvergessen geblieben ist, soll hier Platz finden. Ich habe später viel über Nußens Art nachgedacht, die von der modernen Pädagogik natürlich abgelehnt wird und trotzdem die gesundesten methodischen Grundsätze, die für alle Zeiten gelten, nicht unberücksichtigt ließ. Der alte Lehrer ging vom Bekannten zum Unbekannten, sprach mit wunderbarer Anschaulichkeit und prägte gleichzeitig ein. Also im Katechismus arbeitete der Lehrer dem Geistlichen insofern etwas vor, als er den Wortlaut des Textes erklärte und auswendig lernen ließ. Die theologische Behandlung blieb dem Geistlichen vorbehalten. Bei seiner ganz praktischen Veranlagung griff der alte Nuß aber oft über den Rahmen seiner Arbeit hinaus ins praktische Leben, in den unmittelbaren Anschauungskreis der Kinder hinein. Ob das alles so ganz der Würde des Objektes entsprach, ist eine Frage für sich. Hier soll nur gezeigt werden, wie der alte Herr in seiner Art vorging, wie er unsere Aufmerksamkeit fesselte und schlagfertige Antworten aus seinen Schülern herausholte. Er besprach im 8. Gebot die Lüge und wollte die lügenhaften Übertreibungen geißeln, deren wir uns aus Wichtigtuerei oder Leichtfertigkeit so gerne schuldig machen. Zimperlich war er natürlich dabei nicht. Man könnte das alte Wort: »Crescit fama ruendo, es wächst das Gerücht im Umlaufen«, als Überschrift über seine Katechese setzen. Bemerken muß ich noch, daß er vielfach überhaupt im Dialekt sprach, nie aber Anklänge an den Dialekt vermissen ließ. Doch wird hier darauf keine Rücksicht genommen. Nun hören wir:

»Ihr Buben, denkt einmal an die Biblische Geschichte von den Arbeitern im Weinberge. Wo hat sich der Herr des Weinbergs seine Arbeiter geholt?«

»Auf dem Markte?« »Wo holt euer Vater sich einen Taglöhner, wenn er einen braucht?«

»Auch auf dem Markte.«

»Wann könnt ihr die Taglöhner, die keine Arbeit haben, dort beisammen stehen sehen?«

»Morgens, wenn wir in die Kirche gehen.«

»Nun denkt euch, dort im Kreis der Taglöhner steht einer, der greift sich in den Busen, holt einen Floh heraus und knickt ihn. Habt ihr verstanden? Was hat der Mann getan?«

»Er hat einen Floh geknickt.«

»Merkt euch, ihr Buben, das ist alles, was der Mann getan hat. Er hat einen Floh geknickt.«

»Nun ist da gerade die alte Urbachs Lone vorbeigegangen und hat das gesehen. Sie läuft weiter und begegnet der Schmitze Lies. Der erzählt sie brühwarm der Veithe Peter hätte am Stadthaus seinen Hund so furchtbar geprügelt, daß sie hätte greinen mögen vor Mitleid mit dein armen Tiere.«

»Ihr Buben, was hat der Veithe Peter getan?«

»Er hat einen Floh geknickt?«

»Und was hat die Urbachs Lone der Schmitze Lies erzählt?«

»Er hätte seinen Hund gottserbärmlich verprügelt.«

»Die Schmitze Lies stößt an der Kirchentüre auf die Marlings Lene. Der weiß sie zu erzählen, daß der Veithe Peter vorhin seine Frau und seine

Kinder jämmerlich verhauen habe.«
»Ihr Buben, was hat der Veithe Peter getan?«
»Er hat einen Floh geknickt.«
»Was erzählt die Schmitze Lies an der Kirchentüre der Marlings Lene?«
»Er habe seine Frau und seine Kinder jämmerlich verhauen.«
»Nach der Kirche kommt die Marlings Lene mit der Seebe Greth zusammen. Wißt ihr, was sie der erzählt? Der Veith habe seine Frau und vielleicht auch seine Kinder umgebraucht.«
»Ihr Buben, was hat der Veithe Peter wirklich getan?«
»Er hat einen Floh geknickt.«
»Was ist daraus geworden, nach dem Geschwätz der Marlings Lene?«
»Daß er seine Frau und vielleicht auch seine Kinder umgebracht hatte.«
»Seht ihr, Buben, so geht es. Da ist wirklich aus einer Mücke ein Elefant geworden. So lügen die Menschen eins zusammen, daß einem die Haare zu Berg stehen können. Nehmt euch in acht, ihr Buben, und haut euch lieber auf den Mund, als daß ihr Lügen in die Welt setzt und aus Mücken Elefanten macht.«

Hier hat der alte Herr ein anderes Bild gebraucht, das sich aber in dieser guten Stube nicht aufhängen läßt. Man mag diese Art der Katechese barock oder verzerrt nennen. Ich weiß aber eines: Vergessen hat man so etwas nicht. Diese Plastik, diese Anschaulichkeit dieses Hineingreifen in den Lebenskreis der Kinder, diese Gegenüberstellung der Wirklichkeit und der lügenhaften Übertreibung blieb unvergessen. Eine Warnungstafel fürs ganze Leben war damit errichtet, und noch heute danke ich dem alten Herrn, daß er mir das lateinische Sprichwort: »Crescit fama ruendo« in dieser praktischen Weise veranschaulicht hat. So ward ihm schließlich sein ganzer Unterricht praktische Lebensweisheit, und es ist das höchste Lob, das man diesen alten Herren überhaupt ausstellen kann: Sie unterrichteten, aber noch mehr erzogen sie, für das praktische Christenleben sowohl, wie für das kommende Berufsleben.

Lehrer Nuß trug Humor im Herzen und liebte den Scherz. Wenn er im »Hechtgrauen« mit wiegendem Schritt durch die Straßen ging, blieb kaum ein Vorübergehender unangeredet oder auch ungeschoren. Er wog seine Worte nicht, aber jedermann wußte, daß sie gut gemeint waren. An Aprilscherzen schien er besonderen Gefallen zu haben. Wenn er jemand hereinlegen konnte, tat er es mit diebischem Spaß. Selbst die drei Kollegen waren nicht sicher vor ihm.

Einmal saß er mit diesen nach einer Lehrerkonferenz, als die auswärtigen Teilnehmer sich schon verzogen hatten, im Hinterstübchen bei der Schwanebas, einer angesehenen Weinwirtschaft. Die Freude, daß die Konferenz wieder einmal vorüber war, ließ die Herren einen Halben nach dem anderen trinken. Nuß selbst war als Sohn seines rebgrünen Geburtsortes ein trinkfähiger Herr, der den Wein nicht spürte. Aber die anderen, an weniger gewöhnt, spürten ihn. Und schon saß dem jovialen alten Herrn der Schalk im Nacken. Er trat aus, ging an die Haustüre und kaufte sich einen Buben. »Da hast Du einen Groschen, läufst bis zum »Peter Schöffer« (Denkmal), kommst dann zurück, klopfst bei der »Schwanebas« ans Hinterstübchen und, wenn Du eingetreten bist und gegrüßt hast, sagst Du: »Schönen Gruß vom Herrn Pfarrer und die Herren Lehrer möchten doch gleich einmal zu ihm kommen.« Es war an einem Sommertage nach 7 Uhr abends. Im Pfarrhaus, das dem »Schwanen« schräg gegenüberliegt war man um diese Zeit bereits beim Abendtisch. Nuß wußte das. Als der Bub erschienen war und seinen Auftrag ausgerichtet hatte, meinte der Älteste, da gehe man am besten gleich hinüber. Nuß widersprach, weil die Herren allzu heiter geworden seien. Allein er wurde überstimmt und nun übernahm er selbst die Führung. So überquerten die Herren die Straße, Nuß schellte und sagte der öffnenden alten Haushälterin, die sofort den Weg freigab: »Marie, die Herren sind wohl schon bei Tisch.« Und schon stand er an der Türe des kleinen Speisezimmerchens, öffnete und sprach: »Heinrich, do bring' ich Der emol unser Schulmäster. Sie sin alle besäuselt, do kannst De sehen, was De for Stählcher in der Parrei host.« So ernst Pfarrer Weber war, er verstand Spaß und ließ die vier, von denen drei sehr verdutzt drein schauten, Platz nehmen und nochmals Wein auffahren. Die Herren sollen sogar noch längere Zeit im Pfarrhause geblieben und herzlich über den alten Schalk Nuß gelacht haben, der sie dann auch im Schutz der Dunkelheit nach Hause brachte. So war er und so blieb er bis an sein seliges Ende. Ziemlich rasch ist er schließlich hinweggestorben und hat im Jahre 1933 schon fünfzig

Jahre gleich rechts neben dem Friedhofseingang geruht. Nur die Alten trugen noch Erinnerungen an ihn im Herzen. Wenn ich an seinem Grabe vorrübergehe, dann sehe ich ihn ganz deutlich im »Hechtgrauen« vor mir, den Mann, der es so gut mit mir und allen meinte. Und ich bleibe stehen und schicke ihm, seiner guten Frau Agnes und seinem unglücklichen Sohn ein kurzes Gebet in die Ewigkeit nach. Dann sage ich mir auch wohl: Es war gut, daß er damals gestorben ist und nicht mehr sehen mußte, wie der Dämon Alkohol diesem begabten Sohn, einen an sich guten Menschen, absolvierten Juristen und Dr. juris, den Willen brach und ihn zur Arbeit unfähig machte. Die gute Frau Agnes hat dieses Kreuz noch jahrelang getragen und zwar mit dem Heldenmut einer wahrhaft christlichen Mutter. Ich glaube, der Vater mit seinem weichen Herzen wäre unter diesem Kreuz zusammengebrochen. Und da ich ihn so gerne hatte, ist es mir heute noch tröstlich, daß ihm dieses Kreuz erspart geblieben ist.«

Mit dem Lehreroriginal Paul Nuß schließt die Niederschrift über »Gestalten und Schatten aus frühen Jugendtagen«. Der Versuchung, noch andere festzuhalten, wurde widerstanden. Nur, wo wertvolle Kräfte in schlichten, ja armen Menschen sich aufweisen ließen, wo gezeigt werden konnte, wie Gott mit seinem heiligen Gesetz die Herzen durchwärmt und das Leben praktisch bestimmte, da wurde zugegriffen und mit jener Liebe gezeichnet, die dem sittlichen Werte des sogenannten kleinen Mannes in allem gerecht werden will. Alle sind in der Ewigkeit. Das Gedächtnis im Herzen des Schreibers sichert ihnen für seine Lebenszeit das priesterliche Memento am Altare.

Mainz, am St. Georgstage 1935
G. Lenhart

Mein Dank gilt

» den fabelhaften Montagszeichnern rund um Lothar Reinhardt: Brigitte Mädler, Caroline Lechelt, Ilse Morew, Ingrid Heinlein, Monika Kilp, Peter Sorge, Walter Hrivnak. Ihre vielfältigen Illustrationen machen dieses Buch nicht nur lesens- sondern auch sehenswert – und es war die reine Freude, mit ihnen zusammen zu arbeiten!

» Hans-Josef Becker, ohne den es dieses Buch nicht geben würde, für Inspiration und Unterstützung – und so viel mehr, dass ich es gar nicht aufzählen kann.

» Thomas Bornhofen für die technische Betreuung des Gesamtprojektes. Und die persönliche Unterstützung sowieso.

» Lothar Reinhardt, der uns bezüglich der Illustrationen ein Rund-um-sorglos-Paket zur Verfügung stellte - beeindruckend schnell und dabei immer freundlich-fröhlich.

» Karin Schmidt und Ralf Schwob für die vielen erledigten Kleinigkeiten. Irgendetwas ist ja immer.

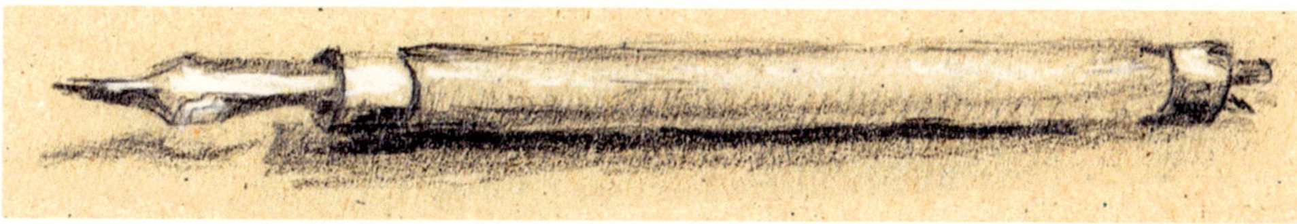